JN061073

オーナー社長のための

新訂版

# 税金と事業承継対策

Q&A方式のやさしい解説

税理士
中小企業診断士
渡邉正則

一般財団法人
大蔵財務協会

# は　し　が　き

　現在、以前にも増して、社会の流れは、公正性、透明性を求めています。それは税務の世界でも同じで、より適正な税務処理が求められるようになって来ています。

　オーナー社長の皆様と会社のことを考えてみますと、会社の様々な決定事項について当事者間でかなり自由に決定しやすい状態にあるといえます。そのため、税務的な面においても、第三者間では特に問題にならないことでも、オーナー社長と会社間の取引等については問題視される場合があります。

　とはいえ、オーナー会社には、各々特有な事情もあるでしょうし、一方、税制度が複雑で面倒なのも事実です。

　しかし、税金も会社が存続したり、個人が生活したりする上での一つのコストと考えれば、税務について社長の皆様も、基本的なことは理解されていた方が良いでしょう。

　また、税金が何らかの経営上の意思決定をする場合に、大きな影響を与えることも当然あるはずです。

　オーナー社長と会社の間にはいくつかの税務的な課題、そして、喫緊のテーマとしての事業承継があります。本書では、社長と会社を取り巻く税務のうち、それらを8つの章に分けてQ&A方式で解説しました。ご相談の機会の多い、社長と会社の間の不動産の賃貸借や譲渡をはじめ、役員賞与や退職金、事業承継対策等を中心として執筆してあ

りMs。事業承継対策では、従来からの対策の他、平成30年から導入された納税猶予制度（特例措置）についても解説しています。この特例措置は事業承継を考える上で大きなメニューになりつつあります。

　なお、作成に当たっては、できるだけ分かりやすい表現で書いたつもりです。そのために、若干言葉の使い方が法律どおりでなかったり、事例での税額の算定が一部概算であったりする場面もありますが、ご理解頂きたいと思います。

　ルールを守って、将来を見据えた、ムリ、ムダのない賢い税金対策、事業承継対策を考えて頂くことを願っております。

　本書がオーナー社長の皆様やこれらの税金・事業承継を考える皆様の一助になれば、望外の幸せです。

　末筆ながら、本書を出版する機会を与えてくださった一般財団法人大蔵財務協会の皆様に衷心より感謝を申し上げます。


　令和2年3月


税理士・中小企業診断士

渡邉　正則

# 目　　次

## 社長と会社間の不動産の賃貸借

## 社長と会社間の不動産の譲渡

## 社長の役員報酬、役員退職金

# 社長と会社の保証債務等

# 同族会社の行為計算否認関係

# 社長から後継者への事業承継対策（共通）

## 社長から後継者への事業継承対策(納税猶予制度)

# 社長と生命保険

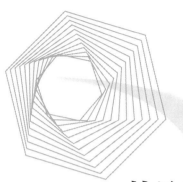

# 社長と会社間の
# 不動産の賃貸借

# 1 社長と会社間の土地賃貸借の税務的なポイントは？

**Q** 私は、ある会社の社長をしていますが、会社との間でいくつもの土地の賃貸借があります。私が会社に貸しているものもあれば、私が会社から借りているものもあります。

　このような場合、ケースに応じて様々な税金の問題が生ずるようですがよく分かりません。概略でも結構ですので教えてください。

**A** 個人と会社間での土地の賃貸借においての税務的な関係は複雑なところもありますが、そのポイントは、どちらが貸主（または借主）かということと、借地をするための権利金の受け払いがあるかどうかをまず初めに確認することです。それらの違いによって税務的な結果も変わってくるからです。

　土地の賃貸借はおおむね次のようなケースに分けられると思います。

## 【土地の賃貸借のケース】

| 賃貸人 | 賃借人 | 賃貸借物件 | 賃貸の内容 |
|---|---|---|---|
| 社長（個人） | 会社 | 土地 | 借地権利金有り |
| 社長（個人） | 会社 | 土地 | 借地権利金無し |
| 会社 | 社長（個人） | 土地 | 借地権利金有り |
| 会社 | 社長（個人） | 土地 | 借地権利金無し |

それでは土地を賃貸借した場合の課税関係の概略を、みていきましょう。

## 土地を賃貸借した場合の課税関係

### (1) 社長が貸主、会社が借主

土地
（社長所有）

会社に賃貸

建物　（会社が建築）
借地権……（会社が所有）
底地………（社長所有）

＊社長と会社との間では建物の所有を目的とした土地の賃貸借になるため、借地権分の権利金の支払の有無にかかわらず、借地権は会社に移行します。

① 借地権を設定する場合の権利金の受領（支払）有り

【社長】…受領した権利金は基本的に譲渡所得として所得税の確定申告が必要。→ 所得税がかかる。

【会社】…支払った権利金を会社の資産に計上。

② 借地権を設定する場合の権利金の受領（支払）無し

【社長】…会社に借地権を贈与したことになるが、課税は受けない。

【会社】…本来支払わなければならない借地権を設定する場合の権利金分を社長から贈与を受けたことになり、法人税の計算上、権利金分の金額を利益（受贈益）として計上。→ 法人税がかかる。

## (2) 会社が貸主、社長が借主

社長に賃貸 　建物 　（社長が建築）

借地権……（社長が所有）

底地………（会社所有）

土地

（会社所有）

＊社長と会社との間では建物の所有を目的とした土地の賃貸借になるため、借地権分の権利金の支払の有無にかかわらず、借地権は社長に移行します。

① 借地権を設定する場合の権利金の支払（受領）有り

【社長】…支払った権利金は借地権の取得価額となり、この借地権を売却したときの経費になる。

【会社】…受領した権利金を会社の収入に計上。→
　　　　　法人税がかかる。

② 借地権を設定する場合の権利金の支払（受領）無し

【社長】…本来支払わなければならない借地権を設定する場合の権利金分の金額を給与（役員賞与）として受けたことになる。
　　　　　→ 所得税がかかる。

【会社】…本来受領しなければならない借地権を設定する場合の権利金分の金額を社長に給与（役員賞与）として支給したことになる。また、源泉徴収が必要となる。
　　　　　→ 役員賞与は会社の経費（損金）にならない。

…本来受領しなければならない借地権を設定する

場合の権利金分の金額について収入（益金）に
計上。→ 法人税がかかる。

## 借地権分の権利金と課税の問題への対応策

　上記のように、借地権分の権利金を受領するしないにか
かわらず、課税関係は生じます。また、権利金の支払をす
る側にとってみれば、それだけの資金を準備する必要があ
り大変です。

　そのため、権利金を支払わずにできるだけ課税関係を生
じさせないような方法をご紹介します。

| 権利金を支払わ | | |
|---|---|---|
| ずに課税にもな | → | 「無償返還の届出書」(注)を提出……① |
| らない方法 | → | 相当の地代を支払う………………② |

(注)　正式には「土地の無償返還に関する届出書」といいます。

①は土地の賃貸借を行う際、税務署に賃借した土地を地主
　に返還する時は、無償（立退き料等の請求をしない）で
　行う旨を所轄の税務署に届け出る方法
②は土地の賃貸借を行う際、地代を更地価額の６％（年）
　といった通常賃借している場合に比較して高い地代を支
　払うといった方法

　なお、詳細については①はＱ２、３を、②はＱ５、６を
参照してください。

5

## 2 借地権を設定して権利金を支払わなくても課税にならない方法（無償返還の届出書／地主・社長、借主・会社）

**Q** 私はある会社の社長をしていますが、今回、会社が駅前にテナントビルを建築するに当たり、私個人の土地をその敷地に提供しようと考えています。

会社にとっては、ビルの建築資金だけでもかなりの支出になりますので、私としては、借地権の代金として権利金は受け取らないつもりです。

このような場合、会社が無償で借地権を手に入れたとして何か税金がかかるような話を聞いたのですが本当でしょうか。もし、そうなら何かよい方法はないのでしょうか。

**A** 社長の住所地の税務署に社長と会社の連名で、「無償返還の届出書」を提出すれば、権利金を支払わない場合でも、課税がされません。

## 「無償返還の届出書」を提出することによる課税の特例

### ⑴ 「無償返還の届出書」を提出しない場合

　社長が会社に土地を賃貸した場合に、借地権分の権利金を支払わないときは、その分の金額を、会社に贈与したことになります。会社では法人税の計算をするときにその分の金額を収入（益金）に計上することになります。

### ⑵ 「無償返還の届出書」を提出した場合

　社長が会社から借地権分の権利金を受領しなくても、次の条件に該当すれば、課税は受けません。

① 　賃貸借契約書等において、将来、会社が土地を無償で返還することが定められていること。㊟

㊟ 　一般的には、契約書の特約事項で土地を無償で返還する（又は立退きに当たっては、立退料の受払はしない）旨を記載します。

② 　社長の住所地の税務署に社長と会社の連名で、「無償返還の届出書」を提出すること。


　なお、「無償返還の届出書」の用紙は、税務署でもらうことができます（国税庁のホームページからもダウンロードできます。）。

　それでは、「無償返還の届出書」を提出した場合と、しなかった場合とで、税金がどの程度違うのか事例でみてみましょう。

（事例）

土地の賃貸人：社長

土地の賃借人：会社

土地の更地価額：1億円

通常の権利金：6,000万円（借地権割合が6割である
場合を想定）

| | 無償返還の届出書提出無し | 無償返還の届出書提出有り |
|---|---|---|
| 会社の法人税 | 2,220万円(注) | 0 |

(注)　6,000万円×37%（国税、地方税）

(注)　「無償返還の届出書」を提出した場合でも、地代の額に
よって別な課税関係が生ずる場合もありますので注意してく
ださい。詳しくは、Q4を参照してください。

## 3 借地権を設定して権利金を支払わなくても課税にならない方法（無償返還の届出書／地主・会社、借主・社長）

**Q** 　私はある会社の社長をしていますが、今回、アパートを建築するに当たり、会社所有の遊休地をその敷地として借りようと思っています。

　私と会社との間では、特に借地権の代金として権利金のやり取りはしないつもりです。

　このような場合、私が無償で借地権を手に入れたとして何か税金の問題が生ずるのでしょうか。もし、そうなら何かよい方法はないのでしょうか。

**A** 　会社の住所地の税務署に社長と会社の連名で、「無償返還の届出書」を提出すれば、権利金を支払わない場合でも、課税がされません。

### 「無償返還の届出書」を提出することによる課税の特例

### (1) 「無償返還の届出書」を提出しない場合

　社長が会社から土地を賃借した場合に、借地権分の権利金を支払わないときは、その分の金額を、会社から給与

（役員賞与）を受けたことになり所得税がかかります。

　一方、会社では法人税の計算をするときにその分の金額は役員賞与（利益の処分）となるため、必要経費（損金）には計上できません。なお、源泉徴収の対象となります。

　また、権利金分の金額は法人の収入（益金）に計上されます。

## ⑵　「無償返還の届出書」を提出した場合

　社長が会社から借地権分の権利金を支払わなくても、次の条件に該当すれば、課税は受けません。

①　賃貸借契約書等において、将来、社長が土地を無償で返還することが定められていること。㊟

㊟　一般的には、契約書の特約事項で土地を無償で返還する（又は立退きに当たっては、立退料の受払はしない）旨を記載します。

②　会社の住所地の税務署に社長と会社と連名で、「無償返還の届出書」を提出すること。


　なお、「無償返還の届出書」の用紙は、税務署でもらうことができます（国税庁のホームページからもダウンロードできます）。

　それでは、「無償返還の届出書」を提出した場合と、しなかった場合とで、税金がどの程度ちがうのか事例でみてみましょう。

┌──（事例）────────────────
│　土地の賃貸人：会社

土地の賃借人：社長

土地の更地価額：1億円

通常の権利金：6,000万円（借地権割合が6割である
　　　　　　　　　　場合を想定）

| | 無償返還の届出書提出無し | 無償返還の届出書提出有り |
|---|---|---|
| 社長の所得税 | 3,300万円（注1） | 0 |
| 会社の法人税 | 2,220万円（注2） | 0 |

（注1）6,000万円×55%（国税、地方税）
（注2）6,000万円×37%（国税、地方税）

(注) 「無償返還の届出書」を提出した場合でも、地代の額に
よって別な課税関係が生じる場合もありますので注意してく
ださい。詳しくはQ4を参照してください。

# 4 「無償返還の届出書」を提出した場合の地代の決め方は？

**Q**　Q2とQ3で「無償返還の届出書」を提出することで、土地の賃貸借に当たって借地権分の権利金のやり取りがなくても課税されないことは分かったのですが、この場合、地代の額はどのように決めてもよいのでしょうか。

　それとも、決め方によって税金の問題が生ずるのでしょうか。

　社長が地主で会社が借主の場合と、その逆の場合で教えてください。

**A**　社長が地主で借主が会社の場合は、基本的に地代の決め方で課税の問題は起こりませんが、会社が地主で社長が借主の場合は、地代の額の決め方によって課税の問題が生じます。

## 地代の額と課税について

### (1) 賃貸人・社長／賃借人・会社の場合

《無償返還の届出書提出》

　　　会社に賃貸　建物　（会社が建築）

土　地　──→　土　地　＊借地権分の権利金なし

（社長所有）　（社長所有）

12

① 地代の額は、本来は相当の地代の額（土地の更地価額×年6％）を社長は会社から受領しなければなりません。

　ただし、その金額より少ない金額の場合は、社長が会社から実際に受け取る地代と相当の地代の額（土地の更地価額×年6％）との差額を、社長が会社に贈与したことになります。

② 個人が地主、会社が借主の場合は、①のような問題はあるのですが、結果的には次のような取扱いになっていますので課税はされません。

【社長】…実際に受領していない金額を、不動産所得に計上するようなことはありません。

【会社】…社長から地代の免除を受けたことは、その分、支払わなければならなかった地代（必要経費）が、法人税の計算の上で計上されていないことになり、利益も増えていることになるため、課税関係は生じません。

　仮に仕訳の例を示せば、次のようになり、損益に影響しません。

支払地代100／支払地代免除益100

## (2) 賃貸人・会社／賃借人・社長の場合

《無償返還の届出書提出》

① 地代の額は、本来は相当の地代の額（土地の更地価額×年6%）を社長は会社に支払わなければなりません。

　　ただし、その金額より少ない金額の場合は、社長が会社に実際に支払う地代と相当の地代の額（土地の更地価額×年6%）との差額を、社長は会社から贈与を受けたことになります。

② 課税は次のようになります。

【社長】…実際に支払う地代と相当の地代の額との差額を役員報酬（給与）として所得税がかかります。

【会社】…実際に支払う地代と相当の地代の額との差額を法人税の計算上、受取地代として利益（益金）に計上する一方、社長に役員報酬を支払ったものとし、必要経費（損金）に計上できます。

　　仮に仕訳をしたとすると次のようになります。

```
（借方）          （貸方）
現金      70／受取地代          70
役員報酬  30  受取地代（差額分）  30
                        ─────
                        計100
                          ↑
                        相当の地代額
```

参考

　地代を土地の更地価額の年6％（相当の地代）といった、通常、借地権が設定されている土地の地代よりかなり高い地代を本来受領しなければならないのは、仮に地主の方がその土地を自分で有効活用した場合、6％程度の利回りが見込めるであろうとの想定です。

　つまり、その程度の利益が確保できるのであれば、他に賃貸していると考えなくても（借地権が設定されていると考えなくても）よいであろうとの考え方です。

## 5 借地権を設定して権利金を支払わなくても課税にならない方法（相当の地代を支払う／地主・社長、借主・会社）

**Q** 私は自分の会社が事務所を建てるに当たり、所有している土地を敷地として賃貸しようかと考えています。

本来なら借地権分として権利金をもらいたいところですが、会社としてもまとまった資金をすぐには準備できないため、もらわないようにしたいと思っています。

このような場合、会社に税金がかかってしまうとの話を聞いたことがあるのですが、大丈夫でしょうか。

会社に賃貸　建物　（会社が建築）

土　地　　──→　　土　地　　＊借地権分の権利金なし

（社長所有）　　　（社長所有）

**A** 社長が会社から借地権分の権利金を受領しなくても、相当の地代（土地の更地価額×年6％）を受領すれば、社長から会社に対して借地権分の権利金を贈与したことにならず、会社としてもその分を利益（借地権分の受贈益）とする必要はなく課税されません。

## 相当の地代を支払うことによる課税の特例

### ⑴ 「相当の地代」を支払わない場合

　社長が会社に土地を賃貸した場合に、会社が本来支払うべき借地権分の権利金を支払わないため、その分の金額を、会社に贈与したことになります。会社では法人税の計算をするときにその分の金額を利益に計上しなければなりません。

### ⑵ 「相当の地代」を支払う場合

　社長が会社から借地権分の権利金を受領しなくても、次の「相当の地代」を受領すれば、課税は受けません。

【相当の地代の意義】……土地の更地価額の6％の地代
　　　　　　　　　　　　　　　　　　　（年間）

　相当の地代は、通常、借地権を設定した場合の地代（通常の地代）に比較して、2倍以上の額であるのが一般的です。


【相当の地代と通常の地代のイメージ】

| 借地権部分の価額（60） | ＊通常の地代は、借地権が設定されている場合の、一般的な地代の意味です。 |
|---|---|

底地権部分の価額（40）………× 6 ％ = 2.4　→　通常の地代
　↑
土地全体（更地価額・100）× 6 ％ = 6　→　相当の地代

## 相当の地代の受払いがあると課税にならない理由

　社長が相当の地代を受け取ることによって、自分でその土地を運用したと変わらない位の高い利益を得ますから、あたかも借地権を設定する前と変わらないだろう（借地権が設定されていると考えなくてもよいであろう）ということで、借地権分の権利金を会社に贈与したことにはせず、課税されないということです。

　それでは、相当の地代を支払わない場合と相当地代を支払う場合とで、税金がどの程度違うのか事例でみてみましょう。

```
┈（事例）┈
土地の賃貸人：社長
土地の賃借人：会社
土地の更地価額：1億円
通常の権利金：6,000万円（借地権割合が6割である
　　　　　　　　　　　　場合を想定）
```

|  | 相当の地代の支払無し | 相当の地代の支払有り |
|---|---|---|
| 会社の法人税 | 2,220万円(注) | 0 |

(注)　6,000万円×37%（国税、地方税）

## 6 借地権を設定して権利金を支払わなくても課税にならない方法（相当の地代を支払う／地主・会社、借主・社長）

**Q** 私は、自宅を建てるに当たり、私がオーナーとなっている会社が所有している土地を、敷地として賃借しようかと考えています。

本来なら借地権分として権利金を支払わなければならないのですが、自宅の建築資金だけでも大変なので、支払わなくて済むようにしたいと考えています。

このような場合、何か税務上の問題があるでしょうか。問題があるとすれば、何か対策はありませんか。

社長に賃貸　建物　（社長が建築）

土　地　──→　土　地　＊借地権分の権利金なし
（会社所有）　　（会社所有）

**A** 社長が会社に借地権分の権利金を支払わなくても、相当の地代（土地の更地価額×年6％）を支払えば、社長は会社から借地権分の権利金の贈与を受けたことにならず、会社としても相当の地代を収入に計上すればよいだけで特に課税関係は発生しません。

## 相当の地代を支払うことによる課税の特例

### (1) 相当の地代を支払わない場合

社長は会社から土地を賃借した場合に、本来支払うべき借地権分の権利金を支払わないため、その分の金額を会社から役員賞与を受け取ったとして所得税がかかります。

会社では法人税の計算をするときにその分の金額は役員賞与（利益の処分）となってしまうため、必要経費（損金）に計上できません。一方、その分の金額は権利金収入として収入（益金）に計上されます。

### (2) 相当の地代を支払う場合

会社が社長から借地権分の権利金を受領しなくても、次の「相当の地代」を受領すれば、課税は受けません。

【相当の地代の意義】…土地の更地価額の6％の地代
　　　　　　　　　　　　（年間）

相当の地代は、通常、借地権を設定した場合の地代（通常の地代）に比較して、2倍以上の額であるのが一般的です。


【相当の地代と通常の地代のイメージ】

| 借地権部分の価額（60） | ＊通常の地代は、借地権が設定されている場合の、一般的な地代の意味です。 |
|---|---|

| 低地権部分の価額（40） ………×6％＝2.4 | 通常の地代 |

↑
土地全体（更地価額・100）×6％＝6　　相当の地代

## 相当の地代の受払いがあると課税にならない理由

　会社が相当の地代を受け取ることによって、自社でその土地を運用したと変わらない位の高い利益を得ますから、あたかも借地権を設定する前と変わらないだろう（借地権が設定されていると考えなくてもよいだろう）ということで、借地権分の権利金を社長に贈与したことにはせず課税されないということです。


　それでは、相当の地代を支払わない場合と、支払う場合とで、税金がどの程度違うのか事例でみてみましょう。

**（事例）**

土地の賃貸人：会社

土地の賃借人：社長

土地の更地価額：1億円

通常の権利金：6,000万円（借地権割合が6割である
　　　　　　　　　　　　場合を想定）

|  | 相当の地代の支払無し | 相当の地代の支払有り |
|---|---|---|
| 社長の所得税 | 3,300万円（注1） | 0 |
| 会社の法人税 | 2,220万円（注2） | 0 |

（注1）6,000万円×55%（国税、地方税）
（注2）6,000万円×37%（国税、地方税）

## 7 社長の土地に会社が建物を建て、相当の地代を支払う場合、その後地代は改訂しなくてもいい？

**Q** 社長の土地上に会社が建物を建築し、相当の地代を支払うようになった場合、その後、地代を改訂した場合と据え置いた場合とでは将来の課税関係が違ってくるのでしょうか。

【当初相当の地代を支払い、その後地代を改訂または据置き】

**A** 当初相当の地代を支払い、その後地代を改訂する場合は、会社に借地権は生じませんが、改訂しない場合は、借地権が会社（借地人）に移行する場合があります。

### 相当の地代の支払とその後の改訂

#### (1) 借地権設定時の相当の地代の支払

借地権の設定に際し、権利金の支払がない場合でも、Q5でご紹介しましたとおり、この権利金の支払に代えて土地の自用地（更地）としての価額に対しおおむね年6％程度の地代（相当の地代）の支払をする場合には、借地人である会社についてその借地権分の利益はないこととして

取り扱われ課税されません。

## ⑵ 相当の地代の改訂と据置き

　当初、社長と会社とで土地の賃貸借契約を結んだ際に、相当の地代を支払うとした場合、相当の地代の改訂を行っていくか、据え置くかの2通りがあり、そのどちらを選択したか社長の住所地の税務署に届け出ることになります（「相当の地代の改訂方法に関する届出書」）。

```
┌──────────────┐   ┌→相当の地代を改訂する方法を選択
│相当の地代の届出│──┤
└──────────────┘   └→相当の地代を改訂しない方法を選択
```

　　(注)　これらの届出の用紙は税務署でもらうことができます。国税のホームページからもダウンロードできます。


　税務署にこの届出をした際、相当の地代を据え置くことにした場合は、その設定後の土地の値上がり益に対応する借地権の価額は、借地権者に帰属するものと扱われています。

　そうすると、自然発生的に借地人に借地権が帰属していくような場合も出てきます。

　内容が分かりにくいので、事例でみていくことにします。

> **（事例）**
> ①　借地権設定時の土地の更地価額…1億円
> ②　借地権割合：50%、底地権割合：50%（設定以降変わらず）
> ③　借地権設定時の相当の地代…600万円（その後改訂せず）　　＊1億円×6%━━━┛

④ 借地権設定時の通常の地代…300万円

　　＊1億円×50％（底地権割合）×6％

⑤ 現在の土地の更地価額………2億円

⑥ 現在の本来の相当の地代……1,200万円

　　＊2億円×6％

⑦ 現在の通常の地代……600万円

　　＊2億円×50％（底地権割合）×6％

《当初設定時》　　《現在》

借地権（0）　　　借地権（1億円）　　借地権が自然に借地人に移転

底地権（1億円）　底地権（1億円）

（更地価額1億円）（更地価額2億円）

　上記の図のとおり、借地権設定時には借地人は相当の地代（更地価額1億円×6％＝600万円）を支払っていましたが、その後の土地の値上がりで、現在支払っている地代は、底地権部分の地代（通常の地代＝底地権価額1億円×6％＝600万円）まで低下しています。

　つまり、現在、借地人は現在の相当の地代との差額（借地権部分に対応する地代）は支払っていないことになります。そのため、借地権は自然に借地人に移転してしまったと考えるわけです。

## 8 相当の地代を改訂する届出書を税務署に提出しているが、改訂しない場合はどうなる？

**Q** 3年前に会社の所有する土地を社長である私が賃借し自宅を建築し、相当の地代を支払っています。

当初の賃貸借契約書では、地代の額を3年ごとに相当の地代の額に改訂することとしており、これについて私と会社の連名で会社の所轄の税務署に「相当の地代の改訂方法の届出書」を提出しました。この際、地代を改訂する方法を選んでいます。

賃借後、3年を経過し付近の開発も進み、この土地の時価も値上がりしましたので、地代の額を改訂しなければならないのですが、支払も大変なので、会社に地代の額を据え置いてもらおうと思っています。

このように改定を行わない場合は、課税上問題が生ずるでしょうか。

【相当の地代を支払い、改訂するとして届出書を提出済み】

```
        社長に賃貸  ┌─────┐ （社長が建築）
                    │ 建物 │
        ┌─────┐   ┌┴─────┴┐
        │ 土 地 │ ─→│ 土 地 │  ＊借地権分の権利金なし
        └─────┘   └───────┘
       （会社所有）  （会社所有）
```

25

**A** 　貴方（社長）の場合、借地権が設定された土地の価額の上昇に応じて地代の額を相当の地代の額に改定する方法を選択していることから、これを改訂しないときには、本来改訂したとした場合の相当の地代の額と現在支払っている地代の額との差額は、貴方（社長）が会社から役員報酬を受け取ったものとして取り扱われます。

| 本来、改訂したとした場合の相当の地代の額 | |
|---|---|

| 現在支払っている当初の相当の地代の額 | 役員報酬 |
|---|---|

## 相当の地代の改訂方法

　会社が借地権の設定によって他人に、土地を使用させた場合（「無償返還の届出書」の提出がされている場合を除きます）に、相当の地代を受領することとしたときは、その借地権の設定についての契約書において、地代の額の改訂方法について、次の(1)または(2)のどちらかによることを決定し、「相当の地代の届出書」(注)を借地人との連名で会社の所轄税務署に届け出ることとされています。

(1)　借地権の設定された土地の価額の上昇に応じ、順次その受領する地代の額を相当の地代の額（上昇した後のその土地の価額を基にして計算した金額）に改訂する方法
　　この場合、相当の地代の額は、おおむね3年ごとに見直しを行うこととなります。

(2)　(1)以外の方法（地代の額を相当の地代の額に改訂しな

い方法を含みます)

㊟　正式には「相当の地代の改訂方法に関する届出書」といい
　　ます。

---

### 相当の地代を改訂しなかった場合の課税

　相当の地代の改訂方法で、(1)の方法を選択したにもかか
わらず、おおむね３年ごとに改訂を行わない場合には、改
訂したとしての相当の地代の額と実際収受している地代の
額との差額は、会社から借地人(ご質問の場合は社長)に
対して贈与(借地人が会社の役員の場合には報酬を支給)
したものとされます。

㊟　相当の地代を改訂しないとして届出書を提出している場合
　　には、上記のような問題は生じません。
　　　届出書を提出する際に、よく検討する必要があります。

## 9 相当の地代を支払うのと無償返還の届出書を提出するのとではどちらがいい？

**Q** 私はある会社のオーナー社長ですが、会社がビルを建築するに当たり私の所有する土地を敷地として提供しようと考えております。

私と会社間では、借地権分の権利金の支払はしないことにしましたが、この場合の課税を避けるため、相当の地代を支払う方法と、無償返還の届出書を提出する方法があるそうですが、どちらがよいのでしょうか。

**A** 社長が会社から借地権分の権利金を受領しなくても、相当の地代を支払うか、「無償返還の届出書」を提出するかをすることで、社長から会社に対して借地権分の権利金を贈与したことにはならなくなり会社は課税を受けません。

ここで、借地権の設定に当たって相当の地代を支払う場合、その相当の地代を土地の値上がりと共に順次改訂していくか、そのまま据え置く（改訂しない）かでその後の課税関係が変わってきます。

```
借地権分の     ┌ 相当の地代を収受する ┬→ 地代改訂する
権利金の課  ──┤                      └→ 地代改訂しない
税がされな     └ 「無償返還の届出書」を提出する
い方法
```

(注) 後述しますが、地代を改訂しない場合、借地権が借地人に

28

徐々に移転してしまう場合があります。

## 相当の地代と「無償返還の届出書」の選択のポイント

(1) 相当の地代を会社として支払えるか。

(2) 社長として相当の地代を受領したいと考えているか。（相当の地代を受領する場合、その額によりかなりの所得税の負担が生ずることがあります）

(3) 土地の価額の上昇につれて借地権が会社（借地人）に移行してもよいか。

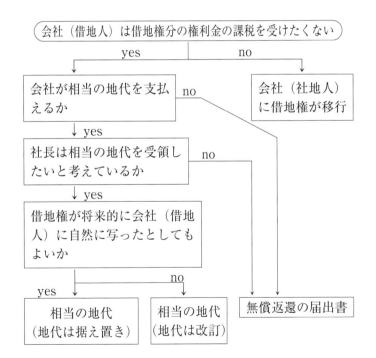

## 相当の地代を据え置いた場合の借地権の移転

　相当の地代を改訂せずに据え置いた場合、土地の価額の上昇とともに、設定時に税務上無いとされた借地権が借地人に移転していきます。これを自然発生借地権といいます。

　内容的に分かりにくいと思いますので、事例で説明します。

（事例）

① 借地権設定時の土地の更地価額…1億円

② 借地権割合：50%、底地権割合：50%（設定以降変わらず）

③ 借地権設定時の相当の地代…600万円（その後改訂せず）　＊1億円×6％

④ 借地権設定時の通常の地代……300万円
　　＊1億円×50%（底地権割合）×6％

⑤ 現在の土地の更地価額……2億円

⑥ 現在の本来の相当の地代……1,200万円
　　＊2億円×6％

⑦ 現在の通常の地代……600万円
　　＊2億円×50%（底地権割合）×6％

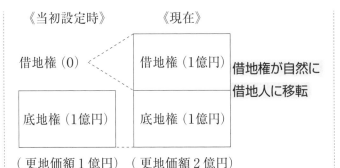

《当初設定時》　《現在》

借地権（0）

借地権（1億円）

借地権が自然に
借地人に移転

底地権（1億円）

底地権（1億円）

（更地価額1億円）（更地価額2億円）

　上記の図のとおり、借地権設定時には借地人は相当の地代（更地価額1億円×6％＝600万円）を支払っていましたが、その後の土地の値上がりで、現在支払っている地代は、底地権部分の地代（通常の地代＝底地権価額1億円×6％＝600万円）まで低下しています。

　つまり、現在、借地人は現在の相当の地代との差額（借地権部分に対応する地代）は支払っていないことになります。そのため、借地権は自然に借地人に移転してしまったと考えるわけです。

## 10 借地権を設定したが、相当の地代より低い地代の場合は課税される？

> **Q** 私は自分の会社が事務所を建てるに当たり、所有している土地を敷地として賃貸しようかと考えています。
>
> 本来なら借地権分として権利金をもらいたいところですが、会社としてもまとまった資金をすぐには準備できないため、もらわないことにしました。
>
> 相当の地代を支払おうと思いましたが、地代が高く、それはできません。このような場合、課税はどのようになりますか。
>
> 【相当の地代より少ない地代を受領する】
>
>

**A** 社長が会社から借地権分の権利金を受領しなくても、相当の地代（更地価額×年6％）を受領すれば、社長から会社に対して借地権分の権利金を贈与したことにならず、会社としてもその分を利益（借地権分の受贈益）とする必要はありません。

ところで、受領する地代が相当の地代より低い地代となった場合は、次の計算式で計算した金額を、社長が会社

に贈与したことになります。

　会社としては、その分の金額を法人税の計算のときに利益（受贈益）として計上することになります。

$$土地の更地価額 \times \left(1 - \frac{実際に支払っている地代の年額}{相当地代の年額}\right)$$

## 相当の地代より低い地代を会社が支払う場合

（事例）

①　土地の更地価額……1.2億円

②　相当の地代の額……1.2億円 × 6％ ＝ 720万円

③　実際に支払っている地代……480万円

④　借地権割合…… 6割、底地権割合…… 4割

⑤　通常の地代（借地権が設定されている場合の一般的な地代）……288万円（1.2億円 × 4割（底地部分）× 6％）

○社長から会社に贈与した借地権分の権利金額

$$\underset{土地の更地価額}{1.2億円} \times \left(1 - \frac{\overset{実際の地代の年額}{480万円}}{\underset{相当の地代の年額}{720万円}}\right) = 4{,}000万円$$

参考

　上記の事例において、仮に通常の地代を支払っていた場合、次のようになり、借地権分全てが贈与されたことになります。

$$\underset{\substack{\text{1.2億円}\\\text{土地の更地価額}}}{\text{1.2億円}} \times \left(1 - \cfrac{\overset{\text{実際の地代の年額}}{\underset{\text{相当の地代の年額}}{720\text{万円}}}}{} \right) = 7{,}200\text{万円}$$

1.2億円×60%（借地権割合）

## 相当の地代の受払いがあると課税にならない理由

相当の地代（更地価額×年6％）を社長が会社から受け取ります。この地代は、通常、借地権を設定した場合の地代に比較して、2倍以上の額であるのが一般的です。

つまり、社長が相当の地代を受け取ることによって、自分でその土地を運用したと変わらない位の利益を得ますから、あたかも借地権を設定する前と変わらないだろう（借地権の設定がされていないと考えてもよいだろう）ということで、借地権分の権利金を会社に贈与したことにはせず課税されないと考えるわけです。

参考

相当の地代の算式の実際に支払っている地代の年額に相当の地代を入れると算式は次のとおりとなります。

$$\text{土地の更地価額} \times \left(1 - \cfrac{\text{相当の地代の年額}}{\text{相当の地代の年額}}\right) = 0$$

したがって、相当の地代を支払っている限り、社長から会社に贈与された分は算定されません。

## 11 社長の土地に会社が建物を建て、相当の地代を支払う場合、無償返還の届出書を提出する場合の相続税の土地評価

**Q** 社長の土地上に会社が建物を建築し、相当の地代を支払うようになった場合、または「無償返還の届出書」を提出した場合に、その後、社長の相続が発生すると土地の評価はどのようになるのでしょうか。

【相当の地代を支払う、または無償返還の届出書を提出】

```
会社に賃貸  建物  （会社が建築）
土 地 ── 土 地 ＊借地権分の権利金なし
（社長所有）  （社長所有）
```

**A** ご質問の場合の相続税を計算する上での土地の評価は次のようになります。

**相当の地代の受払いがある場合**

(1) **相当の地代の改訂を行う場合**

　土地の評価……土地の更地価額×80％

　＊本来的には、借地人（会社）の借地権価額はゼロとされていることから、更地価額の100％とも考えられますが、土地上に建物があるのは事実ですから、その制限を20％と考えて、80％の評価になります。

(2) 相当の地代の改訂がされていない（据置き）場合

　次の算式で計算した借地権分の金額が、借地人（会社）
に移転しているとされ、土地の更地価額からその借地権分
の金額を差し引いた金額が地主（社長）の土地の評価額に
なります。

【借地人に移転してしまったと考える借地権価額】

$$
自用地とし \atop ての価額 \times 借地権 \atop 割合 \times \left( 1 - \cfrac{実際に支払って \atop いる地代の年額} - \cfrac{通常の地 \atop 代の年額}{相当の地代の年額} - 通常の地 \atop 代の年額 \right) = A
$$

【地主の土地の価額】

土地の更地価額 － A

> 相当の地代の算式の意味

(1) 実際に支払っている地代の年額が相当の地代の年額と
　同じ場合

＊実際に支払っている地代の年額に相当の地代の年額を当ては
　めてみます。

【借地人に移転してしまったと考える借地権価額】

$$
自用地とし \atop ての価額 \times 借地権 \atop 割合 \times \left( 1 - \underbrace{\cfrac{相当の地代の年額 - \cfrac{通常の地}{代の年額}}{相当の地代の年額 - \cfrac{通常の地}{代の年額}}}_{1 - 1} \right) = A
$$

A ＝ 0

36

【地主の土地の価額】

土地の更地価額－Ａ（０）＝土地の更地価額

　したがって、借地人には借地権は移転していないことが分かります。

⑵　実際に支払っている地代の年額が通常の地代の年額と同じ場合

＊実際に支払っている地代の年額に通常の地代の年額を当てはめてみます。

【借地人に移転してしまったと考える借地権価額】

$$
\underset{\text{ての価額}}{\text{自用地とし}} \times \underset{\text{割合}}{\text{借地権}} \times \underbrace{\left( 1 - \cfrac{\text{通常の地代の年額} - \substack{\text{通常の地}\\\text{代の年額}}}{\text{相当の地代の年額} - \substack{\text{通常の地}\\\text{代の年額}}} \right)}_{1 - 0} = A
$$

　　Ａ＝自用地としての価額×借地権割合＝借地権価額

【地主の土地の価額】

土地の更地価額－Ａ（借地権価額）＝土地の底地価額

　したがって、借地人には借地権の全てが移転してしまっていることが分かります。

　つまり、上記の算式は、実際に支払っている地代の額が相当の地代から通常の地代（相当の地代をその後改定しないために低下してしまった）までのどのあたりにあるかによって、借地人に移転した借地権を算定するものです。

（事例）

① 土地の更地価額：1.2億円

② 相当の地代の額：1.2億円×6％＝720万円

③ 実際に支払っている地代：480万円

④ 借地権割合：6割　底地権割合：4割

⑤ 通常の地代（借地権が設定されている場合の一般的な地代）：288万円（1.2億円×4割（底地部分）×6％）

【借地人に移転してしまったと考える借地権価額】

$$
\underset{\substack{1.2億円}}{\underset{\text{ての価額}}{\text{自用地とし}}} \times \underset{\substack{60\%}}{\underset{\text{割合}}{\text{借地権}}} \times \left( 1 - \frac{\underset{\substack{\text{相当の地代の}\\\text{年額}}}{480万円} - \underset{\substack{\text{通常の地代}\\\text{の年額}}}{288万円}}{\underset{\substack{720万円}}{} - \underset{\substack{288万円}}{}} \right) = A
$$

$$
A = 1.2億円 \times 60\% \times \frac{240}{432} = 4,000万円
$$

【地主の土地の価額】

土地の更地価額　　A（借地権価額）　　土地の底地価額

　1.2億円　　－　　4,000万円　＝　8,000万円

## 無償返還の届出書が提出されている場合

土地の評価……土地の更地価額×80％

＊本来的には、借地人（会社）の借地権価額はゼロとされていることから、更地価額の100％とも考えられますが、土地上に建物があるのは事実ですから、その制限を20％と考えて、80％の評価になります。

# 12 無償返還の届出を提出していない土地を購入する場合、底地の価格でいい？

**Q** 私は×社の代表取締役ですが、かなり前からX社に所有する土地を賃貸しており、土地上にはX社所有のビルがあります。賃貸の経緯は下記のとおりですが、今後のことも考え、X社でその敷地を購入することを検討しています。その場合、売買価格は底地の金額でよいのでしょうか。それとも更地価額にしないと課税上、問題が生じるのでしょうか。

・建物の建築等の情況

　A社　昭和47年新築→　平成11年取壊し→　平成11年新築

・地代年約400万円（固定資産税等の2.5倍程度）

・土地の賃貸借開始時、建物建替え時他、現在まで借地権の認定課税が行われた事実はない（相当地代、土地の無償返還の届出提出なし）。

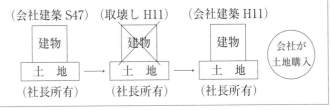

（会社建築 S47）（取壊し H11）　（会社建築 H11）

| 建物 | 建物 | 建物 | 会社が土地購入 |
| 土　地 | 土　地 | 土　地 | |
| （社長所有） | （社長所有） | （社長所有） | |

**A** 土地の売買価格は底地の価格になるものと考えられます。

　土地の賃貸借に当たり、建物の所有を目的とした土地の賃貸借である場合には、借地権設定時に権利金の授受がなく、相当の地代の支払いもなく、土地の無償返還の届出の提出もない場合は借地人が無償で借地権を取得したものとして借地権の認定課税が行われます。

　なお、借地権の設定時にこの借地権の認定課税がされなかった場合（課税漏れの場合）、申告期限後5年を経過すると課税ができなくなります。

ご相談のケース

　ご相談のケースでは借地権の認定課税は当初の建物建築時の昭和47年と考えられ（課税漏れ）、借地人であるX社が土地所有者である貴方から土地（底地）を今後購入する場合、底地価額になるものと考えられます。なお、土地購入の際に改めて借地権の認定課税が行われることはないものと考えられます。

# 13 社長の土地を会社に無償で貸した場合は課税される？

**Q** 私は同族会社の社長ですが、私の土地を貸して会社でビルを建築しようと考えています。会社の負担も考え、土地は使用貸借として賃料は受け取らないつもりです。

この場合、何か税金上の問題はあるのでしょうか。問題があるとしたらどのように解決したらよいでしょうか。

**A** 社長が会社に土地の使用貸借を行うことは、無償で貸し付けをすることになりますので、相当の地代を下回る（地代のない）取引となります。

したがって、借地権についての権利金分の金額は社長から会社へ贈与したことになり、会社は法人税の計算の上でその利益（受贈益）を計上しなければなりません。

それについてはＱ２、３でご説明したとおり、「無償返還の届出書」による取扱いが認められていますので、この制度の活用により借地権利金の課税は回避できます。

また、「無償返還の届出書」を提出しても、社長は本来的に相当の地代を受領すべきなのですが、受領しない場合（使用貸借も含まれます）の課税関係は、次のようになります。

41

## 地代の支払がない場合（使用貸借）の課税

### (1) 地主が社長で、借地人が法人の場合

この場合、地代を受領していませんので相当の地代額を会社へ贈与したということになりますが、個人の地主には受領していない地代を受領したものとして課税するようなことはありません。

また、会社は地代の免除益（受贈益）と支払地代の相殺で会社の損益に影響がありませんので、結果として課税関係は発生しません。

分かりやすくするために、仮に会社で経理上、仕訳を行ったとすると、次のようになります。

---

支払地代100／現金　100
　（経費）

現金　　100／支払地代免除益100
　　　　　　　　（利益）

＊支払った地代を戻してもらったのと同じですから、経費と利益が相殺されて、会社の損益に影響しません。

---

## (2) 地主が会社で、借地人が個人の場合

　　社長に賃貸　建物　（社長が建築）

　土　地　——→　土　地　＊借地権分の権利金なし
（会社所有）　　（会社所有）　　地代の支払なし

　相当の地代額が会社から社長へ贈与（役員報酬）されたことになり給与所得として所得税がかかります。

　なお、その役員報酬に対する源泉所得税を会社で徴収することになります。

(注)　会社については、相当の地代額が収入（益金）となり、同額の役員報酬額が必要経費（損金）となって損益には影響しません。なお、地代の額も含めて過大役員報酬になるかどうかの判断が必要です。

## 14 社長が会社に賃貸している土地の地代を免除した場合は課税される（無償返還の届出書を提出済み）？

**Q** 私は、自分が主宰する会社に事務所用地として土地を貸し付けていますが、その際、「無償返還の届出書」を所轄税務署に提出しています。

私と会社の間では、契約上、相当の地代を受け取ることとしていますが、会社の経営状況が悪く、地代の1年分が未収の状態です。

そのため、当分の間地代を免除したいと思いますが、何か問題が生ずるでしょうか。

【無償返還の届出書提出済み、地代を今後免除】

**A** 社長は免除した地代の額についても、不動産所得として所得税が課されます。

会社においては、地代免除による利益（受贈益）と支払地代（経費）が相殺されるので損益に影響がなく課税は生じません。

## 「無償返還の届出書」を提出した場合の地代課税について

### (1) 賃貸借契約で相当の地代未満の地代としている場合

　相当の地代を地主である社長が借地人である会社から受領していないときは、相当の地代との差額を会社に贈与したものとなりますが、会社では、地代の免除益（受贈益）と支払地代（経費）が相殺され、課税されません（会社が実際に支払っている地代は必要経費（損金）となります）。

　社長については、受領していない地代まで受領したとして不動産所得に計上するようなことはしないので、課税は生じません（実際に受領している地代は、不動産所得に計上されます）。

　分かりやすくするために、仮に会社で経理上、仕訳を行ったとすると、次のようになります。

---

　支払地代100／現金　100
　（経費）

　現金　　100／支払地代免除益100
　　　　　　　　　　（利益）

　＊支払った地代を戻してもらったのと同じですから、経費と利益が相殺されて、会社の損益に影響しません。

---

### (2) 賃貸借契約で相当の地代としている場合

　ご質問の場合のように、社長個人が借地権設定契約において会社から相当地代を受領することになっているにもか

かわらず、その地代を免除するときは、社長個人がその地代をいったん受け取った後に会社に贈与したものとされますから、社長個人の不動産所得として所得税の対象になります。

　また、地代の免除を受けた会社においては、地代分の利益（免除益）が生じますが、支払地代と相殺されますので、課税所得には影響しません。

＊当初の契約の段階で地代をどうするかを当事者間でよく検討することが必要です。


　今回のような場合は、相当の地代から会社が支払い可能な地代への変更契約をすることをお勧めします。

　そうすれば、変更契約後の地代が社長の不動産所得となります。

## 15 社長の土地を更地のまま会社に駐車場用地として賃貸した場合でも借地権の課税がある？

**Q** 私が社長をしている会社に対し、駐車場用地として、私が所有する土地を更地のまま使用するという条件で賃貸しました。賃貸するに当たっては、権利金等の受領はせず、また、地代も一般的な地代にするつもりです。

この場合、税務上何か問題は生ずるでしょうか。

（会社は駐車場に利用）

会社に賃貸 ⇩

| 土 地 | → | 土 地 | ＊借地権分の権利金なし |
|---|---|---|---|
| （社長所有） | | （社長所有） | |

**A** ご質問の場合、会社は土地を更地のまま駐車場として使用するということですし、また、一般的に受領する地代（通常の地代）を会社から受領することとしていますので、会社に対して経済的な利益を与えたことにはならず、特に問題は生じません。

税務上、借地権分の権利金額の贈与を借地人が受けたとして課税されるのは、原則として、建物の所有を目的とする地上権または土地の賃借権のほか、堅固な構築物の建設

のための借地権の設定等で、通常、権利金を受領するような場合です。

　したがって、他人（ご質問の場合、会社）に社長の土地を使用させた場合において、その土地の使用がその使用目的から通常権利金の受領を伴わないようなものであるときは、権利金額の贈与を借地人（ご質問の場合、会社）が受けたとして課税されることはありません。

　なお、次のような場合は、土地の使用が、通常、権利金の受領を伴わないものとして取り扱われます。

## 権利金の受領が無くても課税の問題が生じない場合

(1)　土地の使用目的が、単に物品置き場、駐車場等として、土地を更地のまま使用するものである場合。

(2)　土地の使用目的が、仮営業所、仮店舗等の簡易な建物の敷地として使用するものである場合。

## 地代の設定について

　ご質問では、一般的な地代を受領するとのことですので、問題はありませんが、仮に社長が実際に受領している地代の額が、一般的な地代（通常の地代）より低い場合でも、社長について地代の認定（受領していない地代を受領したとする）はありませんし、会社についても地代の免除益（受贈益）と支払地代（経費）が相殺され、課税関係は生じません。

　分かりやすくするために、仮に会社で経理上、仕訳をし

たとすると、次のとおりです。

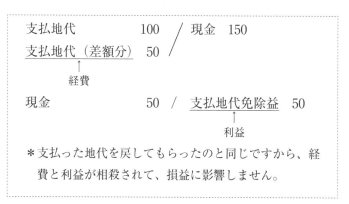

| 支払地代 | 100 | / | 現金 150 | |
| 支払地代（差額分） | 50 | / | | |

↑
経費

| 現金 | 50 | / | 支払地代免除益 50 | |

↑
利益

＊支払った地代を戻してもらったのと同じですから、経費と利益が相殺されて、損益に影響しません。

借地権の課税無し

## 16 会社が社長から借りた土地の整地費用を支払った場合の経理処理は？

**Q** 私は同族会社の社長をしていますが、今回、私の所有している土地を会社に賃貸することにしました。

会社はその土地に新しい本社ビルを建設しました。このビルの建設に当たっては、土盛り、地ならし等の整地が必要となりましたので、1,000万円をかけてこれを行い、会社が負担しました。

なお、私は会社から権利金等は全く受け取っておらず、土地の賃貸の際に、管轄する税務署に「無償返還の届出書」を提出しています。

このような場合、この整地費用1,000万円は、会社の経理上どのように処理すべきでしょうか。

【無償返還の届出書を提出済み、建物建築時に会社が整地費用負担】

**A** ビルの建設時に会社が負担した土盛り、地ならし等の整地費用は、その時点で必要経費（損金）に入れずに、借地権の取得価額として、会社の資産に計上する必

要があります。

　借地権の取得価額には、土地の賃貸借契約に当たり、借地権の対価として土地所有者等に支払った金額のほか、次のような金額も含まれます。

### 借地権の取得価額

⑴　土地上に存する建物を取得した場合における建物等の購入代価のうち、借地権の対価と認められる部分の金額。ただし、この金額が建物等の金額の10％以下であるときは、これを区分しないで、建物等の取得価額に含めることができます。

⑵　賃借した土地の改良のためにした、地盛り、地ならし、埋立て等の整地に要した費用

⑶　借地契約に当たり、支出した手数料その他の費用

⑷　建物等の増改築をするに当たり、その土地の所有者等に対して支出した費用

　なお、これらの金額は、「無償返還の届出書」が提出されており、権利金の支払が無く、もともと借地権として会社の資産に計上している金額が無い場合であっても、前述のとおり、その支出した金額は借地権の取得価額として、資産に計上する必要があります。

# 17 社長の土地上にある会社を解散したら、会社の借地権はどうなる？

**Q** 私は、小売業を営む会社の経営者ですが、高齢となり後継者もおりませんので会社を整理し、会社が店舗敷地としている土地を処分しようと考えています。

この土地は私の個人所有のもので、会社に40年程前から賃貸しているものです。

なお、当時もその後も、権利金等の受領はしておらず、会社の帳簿に借地権の計上はありません。

会社が解散するのに際し、この貸地を会社から無償で返してもらっても特に問題はないでしょうか。

【会社を解散し土地を返還してもらう予定】

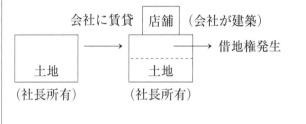

**A** 社長と会社との課税関係は次のとおりです。

> 原則的な社長と会社に対する課税関係

古くから賃借していた土地の中には、当初、土地の賃貸

借をするに当たり権利金等の支払をしていないものもあります が、その後の借地権取引慣行の定着等により自然に発生する借地権は借地権者のものであるとされています。

　そのため、会社の帳簿上では借地権の価額がゼロであっても、自然発生的に会社のものとなる借地権は、会社が清算する場合に会社の財産に含まれます。

　そして、通常会社が受領すべき金額（借地権価額）を受領しないとすると、その金額相当分は社長に対しての役員賞与（場合によっては退職金）とされ、社長は所得税が課税されます。

### 例外的な課税関係

　下記の場合には、会社が借地権分の金額を社長から受領しなくても、会社から社長に対する贈与にはならず、社長も所得税の課税を受けません。

⑴　借地権の設定等の契約書において将来無償で返還することが定められていること、またはその土地の使用が使用貸借によるもので、所轄の税務署に「無償返還の届出書」が提出されていること。

⑵　土地の使用の目的が、単に物品置場、駐車場等として土地を更地のまま使用し、または仮営業所、仮店舗等の簡易な建物の敷地として使用するものであること。

⑶　借地上の建物が著しく老朽化したことその他これに類する事由により借地権が消滅し、またはこれを存続させることが困難であることが認められる事情が生じ

53

たこと。

(注) 「無償返還の届出書」をこれから提出し、その後会社を
　　整理し、課税関係を生じないようにできるかどうかは判
　　定がむずかしいので専門家と相談されるのがよいでしょ
　　う。

# 18 借地権があるのに無償で返還したら？

 当社では、30年以上前から社長から借りた土地上に本社屋を建設し使用しています。

　今回、本社屋移転のため、無償で社長に土地を返還しようと考えていますが、課税上問題にならないでしょうか。なお、借地権の時価は6,000万円です。借地権設定時に権利金の支払いはなく、無償返還の届出書も出していません。

 ご質問の場合の課税関係は、次のとおりです。

原則的な取扱い

(1) 借地人（会社）

　借地人が借地権を無償で返還した場合、通常、その借地権の価額に相当する立退料を収受すべき慣行があるにもかかわらず、その立退料を収受しなかった場合には、原則として、通常、収受すべき立退料の額を地主に贈与したものとして、税務上は、借地人に対し通常の借地権価額に相当

する立退料の額の認定課税（立退料を受領しなくても、受領したものとして課税）されるのが原則です。この扱いは、借地権設定時に権利金の授受がなされていた場合、権利金の支払がないため受贈益課税がされていた場合、自然発生的借地権が生じていた場合等も同様です。

なお、地主が第三者の場合と借地人である会社の役員、従業員の場合とでは次のように異なります。

① 地主がその会社の役員、従業員の場合

地主がその会社の役員、従業員の場合には、それらの人に対する臨時的な給与（賞与）とされ、役員分の賞与については必要経費（損金）となりません。

役員賞与　　6,000万円／借地権譲渡収入　6,000万円

借地権譲渡原価　0円／借地権　0円

② 地主が第三者の場合

地主が第三者の場合は、立退料の適正時価が借地権譲渡収入となり、それを寄付したものとされます。

寄付金　　　6,000万円／借地権譲渡収入　6,000万円

借地権譲渡原価　0円／借地権　0円

⑵ **地主（個人）**

上記①の6,000万円について、借地人である会社の役員、従業員である場合は、給与所得、第三者の場合は一時所得として課税されます。

| 例外的な取扱い |

賃借人である会社が借地権を無償で返還した場合の取扱

いは、前述のとおりですが、例外として、会社が借地権を
無償で返還することについて次に記載する「相当の理由」
がある場合は、借地権の無償返還を認めています。

①　借地権の設定等に係る契約書において将来借地を無償
で返還することが定められていること、又は、その土地の
使用が使用貸借によるものであること（「土地の無償返還
に関する届出書」により、借地権を無償で返還する旨が所
轄税務署長に届け出られている場合に限ります。）。

②　土地の使用目的が、単に物品置場、駐車場として土地
を更地のまま使用し、又は、仮営業所、仮店舗等の簡易な
建物の敷地として使用するものであること。

③　借地上の建物が著しく老朽化したこと、その他これに
類する事由により、借地権が消滅し、又はこれを存続させ
ることが困難であると認められる事情が生じたこと。

　ご質問の場合は、借地権が会社にあると考えられますの
で、上記のような課税関係が生じる可能性が高いと考えら
れます。

**借地人・個人、地主・会社の場合**

個人に賃貸　建物　（個人が建築）

土地　　　　→　　土地　　　※個人が無償で返還

（会社所有）　　　（会社所有）

**原則的な取扱い**

⑴　**借地人（個人）**

　借地人について、時価で借地権の譲渡があったものとみなされ、譲渡所得として所得税が課税されます。

⑵　**地主（会社）**

　原則として、土地の無償返還による受贈益課税はありません。

**例外的な取扱い**

　賃借人である個人が借地権を無償で返還した場合の取扱いは前述のとおりですが、例外として、個人が借地権を無償で返還することについて前述の「相当の理由」がある場合は、借地権の無償返還を認めています。

# 19 社長と会社間の建物賃貸借の税務的なポイントは？

**Q** 私は、ある会社の社長をしていますが、会社との間でいくつもの建物の賃貸借があります。私が会社に貸しているものもあれば、私が会社から借りているものもあります。

このような場合、ケースに応じて様々な税金の問題が生ずるようですがよく分かりません。概略でも結構ですので教えてください。

**A** 個人と会社間で建物の賃貸借においての関係も土地と同じように複雑なところがありますが、そのポイントは、どちらが貸主（または借主）かということと、どの程度の賃料の受払いがあるかをまず初めに確認することです。それらの違いによって税務的な結果も変わってくるからです。

建物の賃貸借はおおむね次のようなケースに分けられると思います。

## 【建物の賃貸借のケース】

| 賃貸人 | 賃借人 | 賃貸借物件 | 賃貸の内容 |
|---|---|---|---|
| 社長（個人） | 会社 | 建物 | 適正な賃料 |
| 社長（個人） | 会社 | 建物 | 低い賃料 |
| 社長（個人） | 会社 | 建物 | 高い賃料 |
| 会社 | 社長（個人） | 建物 | 適正な賃料 |
| 会社 | 社長（個人） | 建物 | 低い賃料 |
| 会社 | 社長（個人） | 建物 | 高い賃料 |

## 建物を賃貸借した場合の課税関係

### (1) 社長が貸主、会社が借主

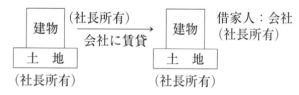

① 適正な賃料を支払っている場合

【社長】…受領した賃貸料は不動産所得となり所得税の確
定申告が必要。

【会社】…支払った賃借料は会社の法人税の計算上、必要
経費（損金）になる。

②賃料が低い場合

【社長】…受領した賃貸料は不動産所得となり所得税の確
定申告が必要。

…適正な賃貸料と実際の賃貸料（低い賃貸料）と

の差額についての課税関係は生じない。

【会社】…支払った賃借料は会社の法人税の計算上、必要経費（損金）になる。

③　賃料が高い場合

【社長】…受領した賃貸料のうち適正額は不動産所得となり所得税の確定申告が必要。

　　　　…適正な賃貸料と実際の賃貸料（高い賃貸料）との差額については給与（役員報酬）所得として所得税が課税される。

【会社】…支払った賃借料のうち適正額は賃借料として会社の法人税の計算上、必要経費（損金）になる。

　　　　…適正な賃借料と実際の賃借料（高い賃借料）との差額については給与（役員報酬）として会社の法人税の計算上、必要経費（損金）になる。

　　　　　なお、過大報酬に該当するかどうかについては、これらの差額を含めて判定する。


(2)　**会社が貸主、社長が借主**

① 適正な賃料を支払っている場合

【社長】…賃借している建物を自分で使用している場合（自宅等）、賃借料は家事費となる（経費にはならない）。

…賃借している建物を他に転貸しているような場合は不動産所得の必要経費になる。

【会社】…受領した賃貸料は会社の法人税の計算上、収入（益金）となる。

② 賃料が低い場合

【社長】…賃借している建物を自分で使用している場合（自宅等）、賃借料は家事費となる（経費にはならない）。

…適正な賃借料と実際の賃借料（低い賃借料）との差額については給与（役員報酬）所得として課税される。

…賃借している建物を他に転貸しているような場合は給与課税された分も含めて不動産所得の必要経費になる。

【会社】…受領した賃貸料は法人税の計算上、収入（益金）に計上される。

…適正な賃貸料と実際の賃貸料（低い賃貸料）との差額については収入（益金）に計上される。また同額が社長に給与（役員報酬）を支払ったとされ法人税の計算上、必要経費（損金）に計上される。

③　賃料が高い場合

【社長】…賃借している建物を自分で使用している場合
　　　　（自宅等）、支払った賃貸料のうち適正額は家事
　　　　費となる（経費にはならない）。

　　　…賃借している建物を他に転貸しているような場
　　　　合は支払った賃貸料のうち適正額は不動産所得
　　　　の必要経費になる。

　　　…適正な賃借料と実際の賃借料（高い賃借料）と
　　　　の差額については会社に対しての贈与となる。

【会社】…受領した賃貸料のうち適正額は賃貸収入として
　　　　法人税の計算上、収入（益金）に計上される。

　　　…適正な賃貸料と実際の賃貸料（高い賃貸料）と
　　　　の差額については社長からの贈与となり利益
　　　　（受贈益）に計上される。

## 20 会社所有の住宅を社長に賃貸する場合の適正な家賃とは？

**Q** 会社所有の住宅を社長に賃貸する場合、あまりに低かったりすると税金の問題が出てくるとの話を聞きました。

家賃の額はいくら位にしたらよいでしょうか。

**A** 家賃の適正額（税務上、問題が生じない額）は月額で次のようになります。住宅の規模に応じて、計算のしかたが違っています。

なお、適正な家賃が支払われていないときは、種々の税務上の問題が発生しますが、詳しくはQ21を参照してください。

### 家賃の適正額／月額

### 1　小規模住宅以外の住宅

$$\left( \begin{array}{c} \text{その年度の家屋} \\ \text{の固定資産税の} \\ \text{課税標準額} \end{array} \times \begin{array}{c} 12\% \\ (\text{注}1) \end{array} + \begin{array}{c} \text{その年度の敷地} \\ \text{の固定資産税の} \\ \text{課税標準額} \end{array} \times 6\% \right) \times \frac{1}{12}$$

（注1）　木造家屋以外の家屋（法定耐用年数が30年を超える住
　　　　宅用建築物）は10%とします。

（注2）　家屋だけまたは敷地だけを賃貸したときは、その家屋
　　　　だけまたは敷地だけについてこの計算をします。

## 2　小規模住宅

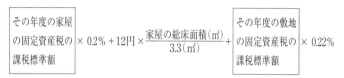

（注1）　小規模住宅とは、木造家屋の場合は132㎡以下、木造
　　　　家屋以外の場合は99㎡以下のものをいいます。

（注2）　敷地だけを賃貸したときには、この取扱いは適用され
　　　　ません。

（注3）　マンション等が小規模宅地かどうかは共用部分を含め
　　　　て判定します。


　これらの計算に当たっての注意点は、次のとおりです。

### 家賃を計算するに当たっての注意点

⑴　賃貸した社宅が、1棟の建物の一部の場合は、固定
　資産税の課税標準額を賃貸している部分とそれ以外の
　部分に分けて計算します。

⑵　住宅を年の途中で新築した場合のように固定資産税
　の課税標準額が定められていないときは、その住宅と
　類似する住宅の固定資産税の課税標準額の比準価額に

よります。

(3) 社宅の一部を会社が使用している場合（応接や会議用等）は、その使用状況を考慮して賃貸料の額を定めますが、前述の計算式によって計算した賃貸料の70％以上を賃貸料としているときは、それが認められます。

# 21 社長に適正な家賃以外で賃貸した場合はどうなる？

**Q** 会社が所有している住宅を社長が借りるに当たって、仮に社長が適正な家賃を支払わなかった場合、どのような税金の問題があるのでしょうか。

| 建物（会社所有） | 社長に賃貸 → | 建物 | 借家人：社長（会社所有） |
|---|---|---|---|
| 土　地（会社所有） | | 土　地（会社所有） | ＊賃料は適正額ではない |

**A** Q20でご説明した適正な家賃が支払われていないときは、次のような課税関係が生じます。

### 適正家賃が支払われない場合の課税関係

⑴　**社長の課税関係**

　社長については、土地、家屋を低い賃料（または無償）で会社より賃借した場合は、通常支払うべき対価（適正家賃）と実際に支払っている賃料との差額が社長の利益とされ、給与（通常役員報酬）として所得税の課税がされます。そして、毎月の給与について所得税が源泉徴収されるに当たって、その差額が給与の支払額に加算されます。

⑵　**会社の課税関係**

　会社については、仮に適正家賃を役員から徴収していたら、会社の家賃収入はその分増えていたことになり、差額

分を仕訳で考えると次のようになります（費用と収入が両建てとなり、課税は生じません）。

　　（借方）役員報酬×××／（貸方）受取家賃×××

(注)　適正な家賃と社長の実際の支払賃料の差額を本来の役員報酬の額に加算して、過大役員報酬に該当しないかどうかを判定することになり、過大な部分が算出されれば、その部分は、法人税の計算上、必要経費（損金）になりません。

| 適 正 な 賃 料 | |
| --- | --- |
| 実際の支払賃料 | 差額は給与（役員報酬） |

参考

**高額の家賃を支払っている場合**

　通常はあまり考えられませんが、社長が建物を賃借するに当たって、高額の家賃を支払っているような場合は、社長が会社に対して利益を与えていることになり、会社としては法人税の計算上、その利益（受贈益）を計上する必要があります。

　なお、高額かどうかの判断は、ご説明した適正額との比較というより、一般的な家賃相場の額との比較になると考えられます。この適正額は、あまりに家賃が低く設定された場合に、税務上問題が生ずるかどうかの判断のときに使用する都合上、一般的な家賃相場より低く定められていると考えられるからです。

## 22 会社が社長の息子にマンションを賃貸する場合、賃料はどう計算する？

**Q** 私の息子は現在、私の会社で後継者になるべく修行中ですが、まだ役員ではなく従業員です。

今回、会社がマンションを借り上げ私の息子に社宅として賃貸することになるのですが家賃はどのように計算したらよいのでしょうか。

マンション（他者所有）── 会社に賃貸 → マンション（他者所有）── 社長の息子に賃貸 → マンション（他者所有）

**A** 社長の息子さんであっても役員に該当しない限り、一般の使用人と同様、次の計算式で計算する適正賃料の50％以上の賃料を実際に支払っていれば、給与としての課税は行われません。

### 賃料と課税の関係

使用人が会社から住宅等を賃借している場合で、その使用人が支払う賃借料の額がその住宅等の適正賃料より低いときには、その差額は使用人に利益（給与）があったことになります。

ただし、その賃借している住宅等について使用人が会社に下記により計算した適正賃料の50％以上の賃料を支払っている場合は、あえて給与として課税されないことになっ

ています。

　また、使用人が住宅等を賃借している場合の適正賃料の額（月額）の計算は、その住宅等が会社所有のものであるか、借上社宅であるかどうかにかかわらず、下記の計算方法によることとなっています。

【適正賃料の計算】
① 　適正な賃貸料の額（月額）＝②家賃相当額＋③地代相当額
② 　家賃相当額

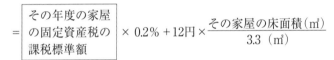

③地代相当額

$$= \boxed{\begin{array}{c}\text{その年度の敷地の固定}\\\text{資産税の課税標準額}\end{array}} \times 0.22\%$$

【適正家賃と課税のイメージ】

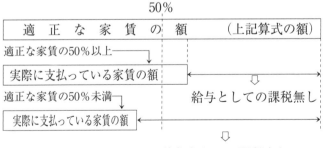

# 23 社長の建物を会社が借りる場合の家賃はどう決める？

**Q** 社長が所有するマンションの1室を会社の事務所として賃借することとしましたが、月々の家賃はどのように決めたらよいのでしょうか。

**A** 近隣の類似の物件の家賃相場を参考にしながら、通常の取引と考えられる家賃ということになります。

　建物を賃貸する場合の賃貸料の算定に当たっては、①その建物、敷地への投下資本金額に利回りを乗じて計算する方式と、②建物の減価償却費、固定資産税等の発生諸費用に適正な利益を加算して計算する方式等があります。

　一般に、社長と会社との間における賃貸借の場合、その賃貸料の金額を自由に決められるということも考えられますので、注意する必要があります。

### 賃貸借に当たっての注意点

(1) 社長が会社から通常の賃貸料を超過して過大な賃貸料を受けとった場合は、その過大部分は、社長の給与

（報酬）となります。

(2)　社長が通常の賃貸料より少ない金額でしか会社から
　　受領しない場合は、特に税務上の問題は生じません。
　　つまり、社長は受領していない賃貸料を所得として認
　　定はされません。

　　　会社は通常の賃料との差額は利益（免除益）となり
　　ますが、反対に支払家賃（経費）と相殺されますので
　　課税関係は発生しないことになります。

　　　分かりやすくするために、仮に会社が経理上仕訳を
　　したとすると、次のようになります。

**(参考仕訳)**

　　支払家賃　100／現金　100

　　現金　　　100／支払家賃免除益　100

＊一度家賃で支払っても、また同額を戻してもらったの
　と同じになり、会社の損益には影響しません。

# 24 社長所有のマンションを同居している長男に賃貸している場合の課税は？

**Q** 私は、所有しているマンションを同居している長男に事務所用として賃貸しています。家賃は近隣の相場である月額30万円です。

このような場合、私の不動産所得の計算や息子の事業所得の計算上、家賃はどのような扱いになるのでしょうか。

**A** 貴方とご長男が生計が同じ（同居も通常これに該当します）場合は、ご長男が貴方に対して家賃を支払ったとしても、ご長男の事業所得の計算上は必要経費とすることはできません。

また、それを受け取った貴方の所得にもなりません。

生計が同じ親族同士の必要経費や所得については、次のように、税務上、特別な扱いがあります。

## 生計が同じである親族の場合の取扱い

### (1) 貴方の不動産所得の計算

貴方がご長男（貴方と生計が同じ親族）から支払を受け

た対価（ご質問の場合の事務所の家賃）の額は、貴方の不動産所得の計算上、ないものとされます。

(2) ご長男の事業所得の計算

　ご長男が貴方（長男と生計が同じ親族）に対しご長男が営む不動産所得、事業所得等の事業を行う上で貴方に支払った対価（ご質問の場合の事務所の家賃）については、ご長男の事業に関する不動産所得、事業所得等の金額の計算上、必要経費に計上しないことになっています。

(注1)　マンションの維持管理に要する費用（例えば共益費や固定資産税など）で、仮に貴方が第三者に賃貸した場合に必要経費に計上される金額は、長男の事業所得の金額の計算上必要経費に計上されることになります。

(注2)　この家賃に相当する金額が事業所得の計算や不動産所得の計算において上記のように取り扱われるからといって、家賃として受け取る以上はその対価は貴方のものであり、その金額が通常の金額である限り贈与税の課税は生じません。

 **参考**

**貴方とご長男の生計が別の場合**

　貴方とご長男の生計が別の場合は、貴方が受け取る家賃は不動産所得に含まれ、一方、ご長男の事業所得の計算においては、その家賃は必要経費とされます。

## 25 社長所有の土地上の社宅を社長が賃借している場合に社宅収入と支払地代を相殺していい？

**Q** 私は、自分の主宰する会社に土地を貸していますが、会社が建物を建築し、社宅として私が賃借しています。私が会社から受領する土地の賃借料と、私が会社に支払う社宅の賃貸料はほぼ同額となるため、金銭のやり取りはせず、相殺しようと考えていますが何か問題は生ずるでしょうか。

なお、土地の賃借については、「無償返還の届出書」を税務署に提出しています。

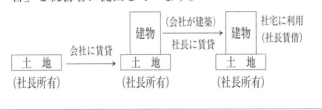

**A** 会社の経理上、支払地代の額と受取家賃の額が明確にされており、その各々の金額が適正なものであれば、金銭のやり取りをせずに相殺した場合にも税務上の問題は生じません。

なお、会社の法人税の計算において、土地の賃借料は必要経費（損金）になり、社宅の賃貸料は収入（益金）になります（差引きゼロ）。

また、貴方（社長）の土地賃貸料は不動産所得の対象に

なりますので、所得税の確定申告が必要になります。

*「無償返還の届出書」を提出している場合の適正な賃料は
　Ｑ４を、社宅の適正な賃料はQ20を参照してください。

## 26 会社の自然発生借地権と社長の底地の交換は可能？

 私は自分が主宰する会社に40年以上も前から、会社の敷地として土地を賃貸しています。

当時の賃貸借時には権利金の授受の慣行もありませんでしたが、現在はその土地の地域においてはその授受の慣行が定着している（借地権割合はおおむね6割の地域です）ことから、会社に借地権が発生していると聞いています。

今回、土地1,500㎡のうち会社に900㎡を渡し、600㎡を返してもらう（900㎡の底地と600㎡の借地権を交換する）ことにしたいと考えています。

このような交換で、金銭のやり取りをしない場合でも、譲渡として税金がかかる場合もあると聞いたのですが、私どもの場合はどうでしょうか。

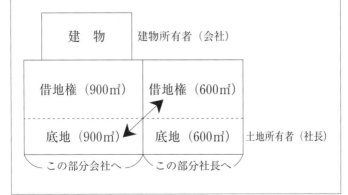

**A** 底地と借地権との交換は同一種類の固定資産の交換と考えられますので、下記の条件に該当すれば、交換の特例を適用し、税金の負担をせずに済みます。

ここで、借地権にはご質問のような権利金の支払はなくても時間とともに自然に発生したと考えられる借地権（自然発生借地権といいます）も含まれます。

### 交換の特例の条件

① 同一種類の交換であること
② 取得資産を譲渡資産の譲渡直前の用途に供すること
③ 譲渡資産は1年以上所有している固定資産であること
④ 取得資産は相手方が固定資産として1年以上所有していたものであり、交換のために取得したものでないこと
⑤ 交換差金の金額がその交換した資産の高い方の価額の20%以下であること
⑥ 確定申告書に譲渡関係の明細書を添付すること

それでは、交換の特例の適用が有る場合と無い場合とで、税金がどの程度違うのか事例でみてみましょう。

（事例）

ご質問の土地の単価は、1㎡当たり50万円とします。

| | 交換特例適用無し | 交換特例適用有り |
|---|---|---|
| 所得税等（社長） | 3,600万円 | 0 |
| 法人税（会社） | 6,660万円 | 0 |

① 社長の交換した土地の価額…50万円×900㎡×40％（底地割合）＝1億8,000万円

② 会社の交換した土地の価額…50万円×600㎡×60％（借地権割合）＝1億8,000万円

※①と②は同額となります。

③ 社長の譲渡所得税等…1億8,000万円×20％＝3,600万円

㊟ 復興特別所得税は考慮していません。

④ 会社の法人税等…1億8,000万円×37％＝6,660万円

# 社長と会社間の
# 不動産の譲渡

## 27 社長と会社との間で土地を譲渡した場合の税務上のポイントは？

**Q** 私は同族会社の社長をしていますが、私と会社との間で土地の売買を行う場合、価額の決め方をはじめ、検討しなければならないことがいろいろあるようですが、そのポイントを教えてください。

**A** 個人と会社間での土地を譲渡した場合についての税務的なポイントは、どちらが売主（または買主）かということと、譲渡に際してどの程度の価額で取引するかを、初めに検討することです。それらの違いによって税務的な結果も変わってくるからです。

土地の譲渡は、おおむね次のようなケースに分けられると思います。

【土地の譲渡のケース】

| 売主 | 買主 | 不動産の種類 | 売買価額 |
|------|------|------------|----------|
| 社長 | 会社 | 土地 | 適正価額（時価） |
| 社長 | 会社 | 土地 | 低額 |
| 社長 | 会社 | 土地 | 高額 |
| 会社 | 社長 | 土地 | 適正価額（時価） |
| 会社 | 社長 | 土地 | 低額 |
| 会社 | 社長 | 土地 | 高額 |

## 土地を売買した場合の課税関係

### 1 売主：社長、買主：会社

社長から会社に売却

| 土　地 | ⟶ | 土　地 |

（社長所有）　　　　　　　　（会社所有）

### (1) 適正価額（時価）の売買

① 会社には特に税務上の問題は起こりません。

② 社長は売却益（土地の売却価額－取得費－譲渡費用）が算定されれば譲渡所得税の申告が必要です。

③ 適正価額は、公示価格等を参照しても結構ですし、実務上は相続税等の土地評価に使う路線価を0.8で割り戻して適用することも多々あります。また、不動産鑑定士に、鑑定の依頼をするのもよいでしょう。

＊路線価は公示価格の80％を目安に設定されています。

### (2) 低額の売買

① 社長は適正価額（時価）の2分の1未満で会社に売却した場合は、適正価額で売却したものとされ（適正価額と売却価額との差額について収入が無くてもあったものとされ）、譲渡所得税がかかります。

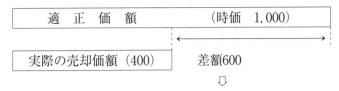

| 適　正　価　額 | （時価　1,000） |

| 実際の売却価額（400） | 差額600 |

⇩

＊社長は1,000で売却したとして
（差額の600も加えて）譲渡所
得税の計算をします。

② 　会社は、適正価額（時価）と実際の売買価額との差額
について、社長より贈与を受けたとして、法人所得の計
算上、利益（受贈益）を計上しなければなりません。

### (3) 高額の売買

① 　社長は、適正価額（時価）と実際の売買価額との差額
について会社から給与（役員賞与）を受けたことになり、
所得税がかかります（適正価額（時価）については譲渡
所得課税の対象となります）。

② 　会社は、適正価額（時価）と実際の売買価額との差額
について社長に給与（役員賞与）を支払ったこととされ
ます（役員賞与は、法人税の計算上、必要経費（損金）
になりません）。

### 2　売主：会社、買主：社長

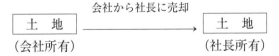

会社から社長に売却

| 土　　地 | ⟶ | 土　　地 |
| （会社所有） | | （社長所有） |

(1) **適正価額（時価）の売買**

① 社長には特別な税務上の問題は起こりません。

② 会社は売却益（土地の売却価額－取得価額－譲渡費用）が法人税の計算上利益に計上されることになります。

③ 適正価額の算定については、1(1)③と同じです。

(2) **低額の売買**

① 社長は適正価額（時価）と実際の売買価額との差額について会社から給与（役員賞与）を受けたことになり、所得税がかかります。

② 会社は、適正価額（時価）が収入（益金）とされます。また、適正価額（時価）と実際の売買価額との差額について社長に給与（役員賞与）を支払ったこととされます（役員賞与は、法人税の計算上、必要経費（損金）になりません）。

(3) **高額の売買**

① 社長は適正価額（時価）と実際の売買価額との差額について、贈与をしたことになります。

② 会社は、適正価額（時価）と実際の売買価額との差額について、社長より贈与を受けたとして、法人税の計算上、利益（受贈益）を計上しなければなりません。

　なお、適正価額（時価）は収入（益金）に計上されます。

## 28 社長所有の土地を会社に低額で売却した 場合はどうなる？

**Q** 私は、自分の会社が経営不振のため、自己所有 の土地を時価の半額位で会社に売却し、その後、 その土地を会社が他に売却し、債務返済を行えるよう にしたいと考えています。このような場合、何か税金 上の問題が生じますか。

社長から会社に売却

＊売却価額は時価の半額程度

**A** 社長が所有する資産を会社に時価よりも低い価額で 譲渡した場合の課税関係は、次のとおりになります。

**資産を低額で譲渡した場合の課税関係（個人）**

**(1) 譲渡価額が時価の2分の1未満の場合**

社長の会社に対する譲渡価額が時価の2分の1未満のと きは時価で譲渡したものとみなされてしまいます。

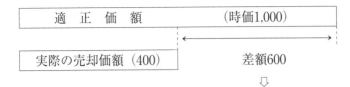

＊社長は1,000で売却したとして（差額の600も加えて）譲渡所得税の計算をします。

⑵　**譲渡価額が時価の2分の1以上の場合**

　社長の会社に対する譲渡価額が時価の2分の1以上のときは、基本的に社長はその実際の譲渡価額を収入金額（売値）として譲渡所得の金額を計算することができることになります。

＊実際の売却価額の700を基に譲渡所得税の計算をします。

⑶　**同族会社の特例規定**

　資産を購入する会社が同族会社の場合は所得税法上「同族会社の行為計算否認」という規定が置かれています。

　この規定は、同族会社の行為または計算で、これを容認した場合はその株主またはその親族等の所得税の負担を不当に減少させる結果となると認められるものがあるときは、税務署は、その行為、計算にかかわらず、その会社の株主等の所得税を更正または決定することができるというもの

です。

　そのため、上記(2)のケースでも、実際の売却価額を適正価額（時価）まで引き上げて、社長の譲渡所得を計算しなければならない可能性も残ります。

実際の売却価額＜適正価額

税金

## 資産を低額で譲り受けた場合の課税関係（会社）

(1)　会社では、土地の時価と買い入れ価額との差額は、法人税の計算上、受贈益としては利益に計上されます。

(2)　ご質問の場合、会社が営業不振のため受贈益を計上しても赤字の場合、若しくは前9年以内（平成30年4月1日以後に開始した事業年度に生じた欠損金の場合は10年以内）の繰越欠損金の額として必要経費（損金）に計上

できる額の方が受贈益の額よりも多い場合は、基本的に法人税は課税されません。

 **参考**

**株主への贈与税課税**

　社長が会社に低額で資産を売却した場合、株価が上昇することにより社長から社長以外の株主（例えば配偶者や子等）に対する贈与として贈与税が課税されるケースもありますので、注意が必要です。

## 29 社長所有資産を会社に高額で売却した場合はどうなる？

**Q** 私は、自分の会社に所有している不動産を売却しようと考えていますが、会社に対して時価よりも高い価額で売却した場合、どのような税金の問題が生ずるでしょうか。

社長から会社に売却

```
土地          →     土地
(社長所有)           (会社所有)
```

　　　　　　　　　＊売却価額は時価より高い金額

**A** 社長が所有する資産を時価よりも高い金額で会社に譲渡した場合の課税関係は、次のとおりです。

### 資産を高額で譲渡した場合の課税関係（個人）

社長は、譲渡価額のうち時価を超える部分は給与収入（役員賞与）になり所得税が課税されます。

| 実　際　の　売　却　価　額 | （1,000） |
| --- | --- |

| 適　正　価　額　（時価600） | （差額400） |
| --- | --- |

　　　　　　　　＊差額の400は、会社から社長に給与
　　　　　　　　　（役員賞与）が支払われたものとされ
　　　　　　　　　ます。

### 社長の家族が資産の売主の場合

会社の役員でも従業員でもない社長の家族が、資産の売主の場合、会社が社長の家族に給与を支払う理由はないため、買入価額が全額その家族に支払われても、買入価額と時価との差額はいったん会社から社長に支払われたことになり（役員賞与）所得税が課税されます。

また、社長から家族にその金額を贈与したことになりますので、社長の家族には贈与税が課税されます。

## 資産を高額で譲り受けた場合の課税関係（会社）

### ⑴ 買い入れた資産の取得価額について

会社では、その資産の買入価額と時価の差額を取得価額とすることはできません。

つまり、ご質問のような高額買入資産について買入価額をそのまま取得価額として認めてしまうと、時価よりも高い部分の金額まで将来の売却時の原価となってしまうという場合もあり、そういう不合理な結果を避けるためです。

そのため、会社が不当に高価で買い入れた固定資産について、その買入価額のうちに実質的に贈与したと認められる金額がある場合は、買入価額からこの金額を控除した金額を取得価額とすることとされています。

| 実 際 の 買 入 価 額 | （1,000） |
| --- | --- |

| 適 正 価 額　　（時価600） | （差額400） |
| --- | --- |

⇩

＊買入資産の取得価額は、適正価額（時価）と
なり、実際の買入価額にはなりません。

## ⑵　実質的に会社が贈与した金額の課税

　実質的に会社が贈与したと認められる金額を法人税の計
算の上でどう考えるかは、会社と売主との関係によります。

　会社と売主とに特別な関係がない場合は、寄付金となり
ます。ご質問のような場合は、社長に対する経済的な利益
を与えたことになり（役員給与）、しかも臨時的なことな
ので、役員賞与（利益の処分）となって必要経費（損金）
に計上できません。

# 30 社長に対して会社資産を低額で譲渡した場合の課税は？

**Q** 会社所有の遊休地の一部を社長に譲渡するに際し、売買価額を時価の2分の1程度にした場合、税金はどうなりますか。

会社から社長に売却

\*売却価額は時価の2分の1程度

**A** 会社が社長に土地を低額で譲渡することとした場合の課税関係は、次のとおりです。

## 低額で資産を譲渡した場合の課税関係（会社）

ご質問のように土地の2分の1程度の価額で譲渡するという取引は税務的には認められず、会社の所得の金額の計算上は、いったん時価で社長に売却し、改めて時価と実際の売却価額との差額を社長に給与として支給したと考えます。

仕訳の例を示すと、次のとおりです。

【前提】

土地の時価：1,000万円　土地の取得価額：100万円

社長への売却額：600万円

① 会計上の仕訳

現金600万円　／　土地100万円

　　　　　　　／　固定資産売却益500万円

② 税務計算上の仕訳

現金1,000万円　／　土地100万円

　　　　　　　／　固定資産売却益900万円

役員賞与400万円　／　現金400万円

㊟ 土地の時価と売却価額との差額の400万円は、社長に対する給与となりますが、定期的なものではなく臨時的なものですから役員賞与（利益の処分）になり会社の法人税の計算上、必要経費（損金）には計上できません。

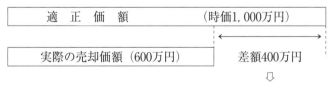

　　＊会社は1,000万円で売却したことになり、一方、差額の400万円は社長への給与（役員賞与）となります。

個人が会社に資産を譲渡するときは、時価の2分の1未

満の価額で資産を会社に譲渡した場合、時価で譲渡したものとみなすという規定がありますが、時価の2分の1以上の価額で譲渡していれば基本的に譲渡価額を修正しないことになります。しかし、これは営利を目的としていない個人の場合の取扱いで、経済的に合理的な行動をする前提である会社の場合は、上記のような規定となっています。

> ### 低額で資産を譲り受けた場合の課税関係（個人）

　社長は会社から土地の時価と譲受価額との差額400万円について経済的な利益を受けますので、給与収入（役員賞与）となり所得税の課税対象になります。

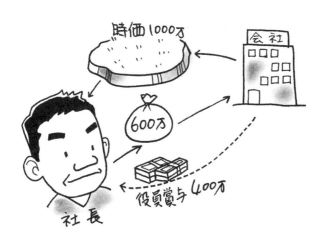

## 31 社長所有の土地を会社に贈与したときの課税は？

> **Q** 社長の所有している土地を会社に贈与した場合、社長及び会社に対してどのような税金が課税されるか教えてください。
>
> 社長から会社に贈与
>
> | 土地 | → | 土地 |
> |---|---|---|
> | （社長所有） | | （会社所有） |

**A** 社長は土地を会社に時価で譲渡したと判断され、譲渡所得税が課税されます。会社は土地を無償で取得したことになるため土地の時価相当額の利益があったものと判断され、その分の利益（受贈益）を計上することになります。

なお、社長が会社に低額で譲渡した場合の課税関係についてはQ28を参照してください（株主への贈与税課税にも注意してください）。

### 社長が会社に土地を贈与した場合の課税関係

### (1) 贈与した社長の課税関係

会社に対して資産を贈与した場合は、税務上、時価でこれらの資産の譲渡があったものと判断（みなし譲渡といいます）されます。

この場合の譲渡価額については時価により所得を計算す

ることになり、譲渡所得税の申告が必要になります。

| 適　正　価　額 | （時価1,000） |

実際の売却価額
（0・贈与）　　　　　　　　　⇩

　　　　　　　＊社長は1,000で売却したとして
　　　　　　　　譲渡所得税の計算をします。

⑵　**贈与を受けた会社の課税関係**

　会社が他の者と取引を行う場合は、すべての資産は時価により取引されるものとして課税されることになっています。

　そのため、資産の贈与を受けた会社からみると資産の時価に相当する利益（受贈益）があったことになり、法人税の計算上、利益として計上することになります。

　また、会社が低額で資産を譲り受けた場合も、同様に時価と譲受価額との差額について課税されることになります。

| 適　正　価　額 | （時価1,000） |

実際の購入価額
（0・受贈）　　　　　　　　　⇩

　　　　　　　＊会社は法人税の計算上、1,000の
　　　　　　　　利益（受贈益）を計上することに
　　　　　　　　なります。また、この場合の土地
　　　　　　　　の取得価額は1,000となります。

## 32 相当の地代で賃貸している土地を売却した場合の代金はどう分ければいい

**Q** 私は自分がオーナー社長である会社に対し、以前より相当の地代（年6％）で所有している土地を会社の社員寮の敷地として賃貸しております。会社からは、現在も6％の地代を継続して受領しています。

　今回、社員寮に入る社員の数も減ってきたことから、建物ごとこの土地を第三者に売却することとしていますが、この土地の売却収入の配分は、私と会社とでどのようにすべきでしょうか。

**A** 会社には借地借家法上の借地権は認められますが、相当の地代を支払っている場合の借地人の借地権の評価は税務上、ゼロとされています。そのため借地人である会社には売却収入の配分はありません。

### 相当の地代の改訂の方法の違いと借地権の価額

　借地人（会社）が相当の地代により社長より賃借した土地についての借地権の価額は、相当の地代を順次改訂し維

持している場合と、改訂しない場合とでは次のとおり違い
があります。

(1) **地代の改訂方法につき、土地の価額の上昇に応じて、**
   **順次その地代の額を相当の地代に改訂している場合**

　　　──▶借地権の価額はゼロ（借地人に土地代金の配分な
し）

(2) **相当の地代を改訂しない場合**

　　　──▶それぞれ次のケースごとに借地権の価額を計算
（借地人に土地代金の配分あり）

① 現に支払っている地代の額が通常の地代の額の水準を
超えているとき……その更地価額を基礎として次の算式
により計算した金額

$$\text{土地の更地価額} \times \left(1 - \frac{\text{現に支払っている地代の年額}}{\text{相当地代の年額}}\right)$$

　　＝借地権の価額

② 現に支払っている地代の額が通常の地代の額の水準と
なっているとき……その更地価額を基礎とし通常取引さ
れる借地権の価額

【土地売却時の地代の状況】　　　　　　　【借地権価額】

| 相　　　当　　　の　　　地　　　代 | …ゼロ |
|---|---|

| 通常の地代超で相当の地代未満 | ………上記算式額 |
|---|---|

| 通常の地代 | …………………………通常の借地権価額 |
|---|---|

（注１）通常の地代とは、借地権が設定され一般的な権利金の
　　　　受払いがあった場合の地代のことをいいます。詳しくは

Q5を参照してください。

（注2）土地を売却する場合の借地権価額の算定だけではなく、借地人が土地を地主に返還する場合にも上記の取扱いにより借地権価額を算定し、立退料等の計算をします。

## 33 「無償返還の届出書」を提出している土地を売却した場合の代金はどう分ければいい？

**Q** 私は自分の会社に対し、テナントビルの敷地として貸している土地がありますが、土地の賃貸借に当たって税務署に「無償返還の届出書」を提出しています。

最近、ビルも古くなり、空き室も目立ってきたことから、ビルも含めてこの土地を売却しようと考えています。

このような場合、この土地の売却収入の配分は、私と会社とでどのようにすべきでしょうか。

【無償返還の届出書提出済み】

**A** 会社には借地借家法上の借地権は認められますが、土地の賃貸借に当たって「無償返還の届出書」を税務署に提出している場合の借地人の借地権の価額は、税務上、ゼロとされています。

そのため借地人である会社には売却収入の配分はありません。

なお、ビル自体の売却価額については、当然のことです

が会社の取り分となります。

㊟ 土地を売却する場合の借地権の価額の算定だけではなく、借地人が土地を地主に返還する場合も上記の取扱いになります。そのため、借地人は土地の返還時に立退き料等の受領はできません。

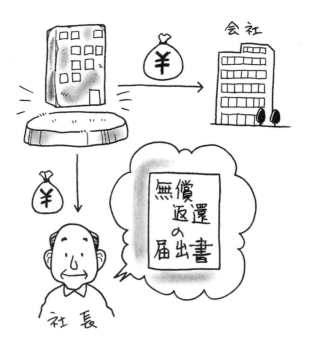

# 34 社長と会社との間で建物を譲渡した場合の税務上のポイントは？

**Q** 私はある会社の社長をしていますが、私と会社との間で建物の売買を行う場合、価額の決め方をはじめ、借地権の有無の判定等いろいろ税務的な問題があるようですが、そのポイントを教えてください。

**A** 個人と会社間で建物を譲渡した場合についての税務的なポイントは、どちらが売主（または買主）かということと、譲渡に際してどの程度の価額で取引されるかを初めに確認することです。それらの違いによって税務的な結果も変わってくるからです。

　建物の譲渡は、おおむね次のようなケースに分けられると思います。

【建物の譲渡のケース】

| 売主 | 買主 | 不動産の種類 | 売買価額 |
|------|------|------------|---------|
| 社長 | 会社 | 建物 | 適正価額（時価） |
| 社長 | 会社 | 建物 | 低額 |
| 社長 | 会社 | 建物 | 高額 |
| 会社 | 社長 | 建物 | 適正価額（時価） |
| 会社 | 社長 | 建物 | 低額 |
| 会社 | 社長 | 建物 | 高額 |

## 建物を売買した場合の課税関係

### 1　売主：社長、買主：会社

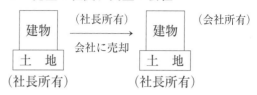

### ⑴　適正価額（時価）の売買

①　特に会社には税務上の問題は起きません。

②　社長は売却益が算定されれば譲渡所得税の申告が必要になります。

③　適正価額は、建物の再調達価額等を参考にします。また、不動産鑑定士に鑑定を依頼するのもよいでしょう。

　　再調達価額については、114ページの「建物の標準的な建築価額」表の部分を参照してください。

### ⑵　低額の売買

①　社長は適正価額（時価）の2分の1未満で会社に売却した場合は、適正価額で売却したものとされ（収入がなくてもあったものとされ）、譲渡所得税がかかります。

②　会社は、適正価額（時価）と実際の売買価額との差額について、社長より贈与を受けたとして、法人税の計算上、利益（受贈益）を計上しなければなりません。

### ⑶　高額の売買

①　社長は、適正価額（時価）と実際の売買価額との差額について会社から給与（役員賞与）を受けたことになり、

所得税がかかります（適正価額（時価）については譲渡
所得課税の対象となります）。

② 会社は、適正価額（時価）と実際の売買価額との差額
について社長に給与（役員賞与）を支払ったこととされ
ます（役員賞与は、法人税の計算上、必要経費（損金）
になりません）。

## 2 売主：会社 買主：社長

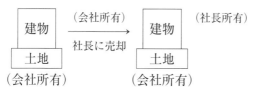

## ⑴ 適正価額（時価）の売買

① 特に社長には税務上の問題は起きません。

② 会社は売却益があれば法人税の計算上、利益に計上さ
れることになります。

③ 適正価額については、1⑴③と同様です。

## ⑵ 低額の売買

① 社長は適正価額（時価）と実際の売買価額との差額に
ついて会社から給与（役員賞与）を受けたことになり、
所得税がかかります。

② 会社は、適正価額（時価）が収入（益金）とされます。
また、適正価額（時価）と実際の売買価額との差額につ
いて社長に給与（役員賞与）を支払ったこととされます
（役員賞与は、法人所得の計算上、必要経費（損金）に

なりません）。

## (3) 高額の売買

① 社長は適正価額（時価）と実際の売買価額との差額について、会社に贈与をしたことになります。

② 会社は、適正価額（時価）と実際の売買価額との差額について、社長より贈与を受けたとして、法人税の計算上、利益（受贈益）を計上しなければなりません。

なお、適正価額（時価）は収入（益金）に計上されます。

### 建物を譲渡した場合の借地権課税

建物を譲渡した場合、その敷地に対する借地権の課税の問題が生じます。

つまり、社長が建物を会社に売却し、敷地を会社に賃貸した場合には、会社が借地権分の権利金を支払わない場合、権利金分の金額を会社に贈与したことになり、会社では法人税の計算上、その金額を利益（受贈益）に計上しなければならないことになります。

一方、会社が建物を社長に売却し、敷地を社長に賃貸した場合には、社長が借地権分の権利金を支払わない場合、権利金分の金額について会社から給与（役員賞与）を受けたことになり、所得税の対象となります。会社にも権利金分の収入（益金）があったこととされます。

それらの課税を避けるために、「無償返還の届出書」の提出と相当の地代の支払という制度があります。

詳しくはQ2から6を参照してください。

# 35 社長所有の土地、建物のうち建物のみを会社へ譲渡した場合の借地権の課税は？

**Q** 3年前に、社長所有の土地上に社長が建物を建築し、会社がその建物を賃借していたのですが、今回、建物のみを会社が買い取りたいと考えています。

この場合、借地権についての課税関係はどうなるのでしょうか。

```
会社が賃借
  ⇩
┌──────┐   （社長所有）        （会社所有）
│ 建物 │  会社に建物    ┌──────┐
├──────┤  を売却 ──→  │ 建物 │
│ 土地 │           ├──────┤
└──────┘           │ 土 地 │ ──→会社に借地権？
（社長所有）          └──────┘
                （社長所有）
```

**A** 会社は、建物の取得により借地権を社長から無償で取得したことになってしまうため、借地権分の権利金の支払を免除されたことになりますので、その分の利益（受贈益）について課税を受けることになります。

つまり、建物だけを会社に譲渡したとしても、当然にその建物の敷地となる土地の使用収益権も移転したものと考えられるため、借地権の設定があったものとして取り扱われることとなります。そして、会社（借地人）にとっては当然に借地権の取得があったことになります。

ただし、「無償返還の届出書」を税務署長に提出するかまたは相当の地代を受払いすることにより、権利金額分の

利益についての課税を回避することができます。

　建物の譲渡後、借地権分の権利金の受払いをせずに敷地
の賃貸借を始めた場合についての借地形態と課税関係は、
次のとおりです。

借地形態と課税関係

## ⑴　「無償返還の届出書」の提出も相当の地代の受払いも ない場合

① 　社長（土地所有者）

　実際に受領した権利金、地代についてのみ課税される規
定となっていることから、特に課税問題は生じません。な
お、会社が地主のような場合は、権利金の認定課税の問題
が生じます。詳しくはQ36を参照してください。

② 　会社（借地人）

　借地権分の権利金額の贈与を受けたとして、その利益
（受贈益）を法人税の計算において計上する必要がありま
す。

## ⑵　「無償返還の届出書」の提出をする場合

　権利金も、相当の地代の受払いもしない場合であっても、
当事者間の契約で将来借地人が土地を無償で返還すること
を契約し、その旨を土地所有者の所轄の税務署に届け出た
ときは、借地権分の権利金額について、借地人である会社
に利益（受贈益）があったものとして、法人税の計算にお
いてその利益を計上するようなことは行いません。

## (3) 相当の地代を受払いする場合

　借地権分の権利金の受払いがなくても、通常の地代に比較してかなり高い相当の地代の受払いをしていれば、借地権分の権利金について、借地人である会社に利益（受贈益）があったものとして、法人税の計算上、その分を利益に計上するようなことは行いません。

## 36 会社所有の土地、建物のうち建物のみを社長へ譲渡した場合の借地権の課税は？

**Q** 会社所有の建物を従来から社長が賃借していたのですが、今回、建物のみ（土地は会社所有のまま）を社長が買い取ることになりました。

この場合、借地権は社長に移ってしまうのでしょうか。そうだとしたら税金はどうなるのでしょうか。

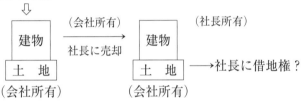

**A** 社長は、建物の取得により借地権を会社から無償で取得したことになってしまうため、借地権分の権利金の支払を免除されたことになりますので、その分の利益を受けることになり、役員賞与（給与所得）として所得税が課税されます。

つまり、建物だけを社長に譲渡したとしても、当然にその建物の敷地となる土地の使用収益権も移転したものと考えられるため、借地権の設定があったものとして取り扱われることとなります。

そして、社長（借地人）にとっては当然に借地権の取得

があったことになります。

　また、地主である会社にとっては、社長に対して借地権の対価としての権利金分の利益を贈与したことになり、これは役員賞与（利益の処分）になることから法人税の計算上、必要経費（損金）にはなりません（権利金分の金額は、収入（益金）に計上されます）。

　ただし、「無償返還の届出書」の提出または相当の地代を受払いすることにより、権利金分の利益についての課税を回避することができます。

　建物の譲渡後、借地権分の権利金の受払いをせずに敷地の賃貸借を始めた場合についての借地形態と課税関係は、次のとおりです。

### 借地形態と課税関係

**(1)　「無償返還の届出書」の提出も相当の地代の受払いもない場合**

**①　社長（借地人）**

　社長は、建物の取得により借地権を会社から無償で取得したことになってしまうため、借地権の対価としての権利金分の利益を受けることになり、役員賞与（給与所得）として所得税がかかります。

**②　会社（地主）**

　地主である会社にとっては、社長に対して借地権の対価としての権利金分の利益を贈与したことになり、これは役

員賞与（利益の処分）になることから法人税の計算上、必要経費（損金）にはなりません。なお、権利金分の金額は、権利金収入（益金）として計上する必要があります。

⑵ 「無償返還の届出書」を提出する場合

　権利金も相当の地代も収受しない場合であっても、当事者間の契約で将来借地人が土地を無償で返還することを契約し、その旨を所轄の税務署に届け出たときは、借地権の対価としての権利金分について、借地人である社長に利益（役員賞与）があったものとして、所得税が課税されるようなことはありません。

　なお、地代の額と課税関係についてはＱ４を参照してください。

⑶ 相当の地代を受払いする場合

　借地権の対価としての権利金の受払いがなくても、通常の地代に比較してかなり高い相当の地代の受払いをしていれば、権利金分について、借地人である社長に利益（役員賞与）があったものとして、所得税が課税されるようなことはありません。

　会社にも特別な課税関係は生じません。

# 37 建物を売却する場合の価格の決め方は？

社長と会社の間で建物を売買する場合の価額の
決め方を教えてください。

社長所有の建物の譲渡価額については、帳簿価額等
での譲渡は認められずあくまでも時価ということに
なりますので、適正な時価を算出してそれを取引価額とす
ることになります。

　具体的には、その建物を今建てたらどの位になるかを見
積もり、そこから経過した年数分の減価償却額を差し引く
（再調達価額）ことになります。

　次に、建物の標準的な建築価額表を掲げましたので、一
つの参考にしてください（最新年度のものが、今建てたら
どの位になるか、ある程度の目安になります）。

# 「建物の標準的な建築価額」表

（単位：千円/㎡）

| 構造 建築年 | 木　造・ 木骨モルタル造 | 鉄骨鉄筋 コンクリート造 | 鉄　　　筋 コンクリート造 | 鉄　骨　造 |
|---|---|---|---|---|
| 62 | 110.0 | 191.8 | 156.6 | 108.4 |
| 63 | 116.5 | 203.6 | 175.0 | 117.3 |
| 元 | 123.1 | 237.3 | 193.3 | 128.4 |
| 2 | 131.7 | 286.7 | 222.9 | 147.4 |
| 3 | 137.6 | 329.8 | 246.8 | 158.7 |
| 4 | 143.5 | 333.7 | 245.6 | 162.4 |
| 5 | 150.9 | 300.3 | 227.5 | 159.2 |
| 6 | 156.6 | 262.9 | 212.8 | 148.4 |
| 7 | 158.3 | 228.8 | 199.0 | 143.2 |
| 8 | 161.0 | 229.7 | 198.0 | 143.6 |
| 9 | 160.5 | 223.0 | 201.0 | 141.0 |
| 10 | 158.6 | 225.6 | 203.8 | 138.7 |
| 11 | 159.3 | 220.9 | 197.9 | 139.4 |
| 12 | 159.0 | 204.3 | 182.6 | 132.3 |
| 13 | 157.2 | 186.1 | 177.8 | 136.4 |
| 14 | 153.6 | 195.2 | 180.5 | 135.0 |
| 15 | 152.7 | 187.3 | 179.5 | 131.4 |
| 16 | 152.1 | 190.1 | 176.1 | 130.6 |
| 17 | 151.9 | 185.7 | 171.5 | 132.8 |
| 18 | 152.9 | 170.5 | 178.6 | 133.7 |
| 19 | 153.6 | 182.5 | 185.8 | 135.6 |
| 20 | 156.0 | 229.1 | 206.1 | 158.3 |
| 21 | 156.6 | 265.2 | 219.0 | 169.5 |
| 22 | 156.5 | 226.4 | 205.9 | 163.0 |
| 23 | 156.8 | 238.4 | 197.0 | 158.9 |
| 24 | 157.6 | 223.3 | 193.9 | 155.6 |
| 25 | 159.9 | 258.5 | 203.8 | 164.3 |
| 26 | 163.0 | 276.2 | 228.0 | 176.4 |
| 27 | 165.4 | 262.2 | 240.2 | 197.3 |
| 28 | 165.9 | 308.3 | 254.2 | 204.1 |
| 29 | 166.7 | 350.4 | 265.5 | 214.6 |

㊟　「建築着工統計（国土交通省）」の「構造別：建築物の数、床面積の合計、工事費予定額表」を基に、1㎡当たりの工事費予定額を算出（工事費予定額÷床面積の合計）したものです。

# 38 社長所有の土地や建物を後継者に売却するときの金額は？

**Q** 私は不動産を多く所有し、その管理は私が代表を務める会社が行っています。今回、そのうちの１つ（テナントビル）を会社の後継者でもある長男に売却しようと思っています。その場合、あまり低額だと課税が生じると聞きましたが、どのような金額とすればよいのでしょうか。

**A** 親子や親族間の売買であっても、基本的には土地や建物の金額は時価であるべきと考えられます（Q28、29、37参照）。ここで、個人間の場合、土地や建物の金額の算定に当たっては、相続税評価額を基としても課税実務上は問題にならないと思われます（低額の譲渡として贈与税の課税は行われないものと思われます）。

ただ、算定した相続税評価額（売買金額）が、時価の80％を下回っていることが明らかな場合は、課税（贈与税の課税）されることも考えられますので、注意が必要です。

例えば、相続税評価額8,000円と算定された土地を、父から子に同金額で売却し、その後、直ぐに子が１億2,000万円で他に売却したとします。この場合、相続税評価額8,000万円は、時価（１億2,000万円の80％・9,600万円）を明確に下回っていることになります。そうすると、時価１億2,000万円と売買価額8,000万円の差額4,000万円は父

から子に贈与があったものとみなされて贈与税の対象となると考えられますので注意が必要です。

 **参考**

**個人法人間で土地や建物を譲渡する場合の金額**

　法人が絡んだ売買の場合は時価そのものとなりますので、土地であれば、相続税評価（路線価）を0.8で割ったもの（公示価格ベース）や鑑定評価額等が参考になると思います。

　建物については、Q37で紹介したような価格が参考となりますが、仮に耐用年数が経過してしまって、結果として建物の価額が算定されないような場合は、固定資産税評価額を参考とすることもよいと思います。

# 39 不動産管理会社を設立する場合の留意点とメリットは？

**Q** 私は、先代からの相続もあり相当数の不動産を所有しています。今回、それらの不動産を一括して管理するため不動産管理会社を設立しようと考えています。

不動産管理会社を設立する留意点とメリットを教えてください。

**A** 不動産管理会社を設立する留意点とメリットは、次のとおりです。

留意点

その不動産管理会社が実質的に不動産管理業務を行い、かつ貴方の支払う管理料が適正な額である必要があります。

不動産管理会社設立のメリット

不動産管理会社が実態を備えていることが前提ですが、下記のようなメリットがあります。
(1) 社長は給与を受け取ることになり、給与所得控除を受けられることになります。
(2) 会社を退職する際、退職金を受領することができます。個人事業者の場合は、自分に退職金を支払うこともできませんし、専従者に対しての支払もできません。

(3) 不動産管理の事務をあなたの配偶者や子供等が行う場合、給与を支給することができます。

　なお、次のような問題点も考えられますのでご注意ください。

### 不動産の管理形態と適正な管理料

　不動産管理会社を設立した場合、そのメリットについては上記のとおりですが、運用形態と問題点については、次のとおりです。

### (1) 不動産管理方式（または不動産管理委託方式）

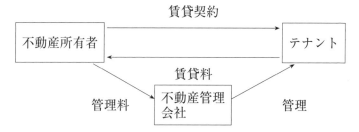

　この方式は、不動産管理会社のオーナー社長等が所有する不動産をテナントに賃貸するのに際し、不動産管理会社が仲介を含め賃貸の管理業務を行うものです。

　この場合において、不動産管理会社は不動産の所有者から仲介料や管理料といった名目の手数料を取ることになりますが、この手数料は不動産所有者の不動産所得の必要経費になり、不動産管理会社の収入になります。

　ここで、管理料を通常より高くして不動産管理会社の収

益を増加し、これをその不動産管理会社の役員や従業員になっている社長の親族で所得を分散したような場合には、税務的に問題になるところです。

　ポイントは適切な管理料と、親族の勤務実績にあります。

　管理料については、仮にその作業を他者に委託した場合、どの程度の費用がかかるのかが目安になると思います。状況により差はあるかと思いますが、裁判例では、不動産収入の７％といったものがあります。

## (2)　不動産転貸方式

　不動産管理会社のオーナー等の不動産を不動産会社に賃貸し、さらに不動産管理会社がテナントに転貸するものです。この場合において、不動産の所有者が不動産管理会社に賃貸する賃貸料の多寡が問題になります。つまり、不動産の所有者が通常より低い賃料で不動産管理会社に賃貸し、不動産管理会社は通常の賃料でテナントに転貸し、その差額を役員や従業員となっている社長の親族等で所得を分散することになるとやはり税務的に問題になるところです。

　ここでも、適正な賃料（不動産管理会社→不動産所有者）を算定する必要があります。

　なお、不動産管理方式と違って不動産転貸方式の場合は、空き室のリスクは不動産管理会社が負うことになります。

そのため、不動産管理方式による管理料に比較し、不動産管理会社の受領分（テナント賃貸料−不動産所有者への賃借料）は多くなるものと考えられます。

㊟　適正な不動産管理料については、充分な検討を要することから決定の際は、専門家にご相談されるのがよいと思います。

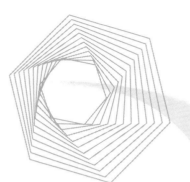

# 社長の役員報酬、
# 役員退職金

# 40 社長（役員）の報酬は会社の経費、賞与は経費にならない、その区分けは？

**Q** 役員報酬は会社の必要経費になるのに対して、役員賞与は必要経費にならないとの話を聞きましたが、役員への給与が報酬になるのか賞与になるのかの判断はどのようにすればよいのでしょうか。

**A** 定期の給与か臨時的な給与かが、ご質問の報酬になるのか賞与になるのかの判断基準になります。

## 役員報酬となるもの／定期の給与

(1) 日給、週給、月給のようにあらかじめ定められた支給基準（習慣によるものを含む）に基づいて、月以下の期間を単位として規則的に反復または継続して支給される給与

(2) 非常勤役員に対して年俸、半年俸等を年1回または2回所定の時期に支給されるような場合でも、他に、定期の給与を受けていないものに対し、継続して毎年所定の時期に定額を支給する旨の定めに基づいて支給される給与

## 役員賞与となるもの／臨時の給与

(1) 役員報酬に該当しない臨時の給与

(2) 毎月支給される役員報酬であっても売上に応じて増減

するようなものは、売上に関係なく支給される固定的な額だけが定期の給与で、これを超える部分の金額は臨時の給与

○役員賞与か役員報酬かの差は法人税に影響

（例）　役員賞与か報酬かの差が1,000万円あるとすると、法人税負担の差は、次のとおりです。

1,000万円×37%（法人税率）＝370万円アップ

＊上記法人税率には地方税率も含まれています。

### 役員賞与が経費にならない理由

　役員報酬は、会社が役員に対してその受任者としての職務遂行の対価として支払うものです。つまり、会社の事業遂行のための必要経費であり、会社は利益の有無に関係なく支払うものですので、税法上、原則として必要経費（損金）になります。

　一方、役員賞与は法律上支給が義務付けられておらず、利益処分としての性格を持つため税法上、必要経費（損金）とならないわけです。

【注意点】

⑴　会社で架空の経費処理をして、定期的に社長に支払っているようなものについては、役員報酬とはなりますが、

法人税の計算上必要経費（損金）には計上できません。

(2) 役員報酬と賞与の判断を誤ると税負担に大きな影響がでますので事前によく検討しましょう。

参考

経費になる役員報酬は、具体的には①定期同額給与、②事前確定届出給与（Q52参照）、③利益連動給与と言われるもので、③の利益連動給与は同族会社以外の一定の条件を満した企業等にだけ適用されます。

ここで、①の定期同額給与は「支給時期が1か月以下の期間で、各支給時期における支給金額が同額であるもの」をいいます。例えば、毎月同額を支給している場合がこれにあたります。

# 41 過大な役員報酬は会社の経費にならない？

**Q** 私は同族会社の社長ですが過大な役員報酬は会社の必要経費にならないと聞きました。これは、本当でしょうか。

また、そうだとしたらなぜ必要経費にならないのでしょうか。教えてください。

**A** 過大な役員報酬は、会社の所得を計算する上で必要経費（損金）になりません。

つまり、その分、会社の所得は多くなり、法人税も高くなります。

【役員報酬の過大部分が会社所得に加算】

| 会 社 の 所 得 | ×法人税率 |

役員報酬の過大部分

| 会 社 の 所 得 | ×法人税率 |

（例） 役員報酬の過大部分が300万円あるとすると、法人税負担の差は、次のとおりです。

300万円×37％（法人税率）＝111万円アップ

＊上記法人税率には地方税率も含まれています。

なお、過大な役員報酬が必要経費（損金）にならない理由は、次のとおりです。

## 必要経費（損金）にならない理由

　役員報酬は、会社が役員に対してその受任者としての職務遂行の対価として支払うものですから会社の事業遂行のために必要なものであり、原則として必要経費（損金）に入ります。

　しかし、過大な部分は、利益の分配的なものと考えられますので、役員賞与と同様に必要経費（損金）にはなりません。

**参考**

### 役員報酬の考え方

(1)　役員の報酬を、役員が決めることとなると、その額はお手盛りとなり、会社の利益が害される可能性があるため、会社法上は役員報酬を定款の規定または株主総会の決議としています。

(2)　実務的にみると、役員報酬について取締役会での決議がそのまま株主総会で決議されることが多いと思います。

(3)　ここで、同族会社等の場合、役員がそのまま株主ということもよくある話ですので、実際には報酬額を自由にアップして利益の分配と同様な過大な報酬を受けることができるとも考えられます。

　そこで、会社法で本来予定している委任者の意思が反映している（会社と取締役は委任関係）会社との課税の公平を考え、役員賞与の役員報酬へのシフトを防止する

ため過大な役員報酬は必要経費（損金）の額に算入でき
ないように規定がされているといえます。

# 42 社長の報酬が過大かどうかの判定はどうする？

 **Q** 私は会社の代表者ですが、過大な役員報酬は、会社の所得を計算するときに、経費にならないと聞きました。

役員報酬が過大かどうかの判断はどのように行うのですか。

**A** 役員報酬が過大かどうかの判断には、次の2つの基準があります。

過大役員報酬の判定基準

(1) **実質基準**

その役員の職務の内容、その会社の収益及びその使用人に対する給与の支給状況、その会社と同業の事業を営み事業規模が類似する会社の役員報酬の支給状況等と比較して、その役員の職務に対する対価として相当と認められる金額

(2) **形式基準**

定款の規定または株主総会等の決議によって報酬として支給できる限度額を定めている場合には、その金額

【実質基準額と形式基準額との関係】

(1) 実質基準額＜(2) 形式基準額 ─→ (1) 実質基準額採用

(1) 実質基準額＞(2) 形式基準額 ─→ (2) 形式基準額採用

　ここで、(2)の形式基準による過大報酬の判定については、実務上の問題も少ないと考えられますが、(1)の実質基準については、判断に迷うところだと思います。

　具体的には、同業種で同規模の会社の平均的な役員報酬を参考とすることになりますが、必ずしも役員報酬を算定しようと思っている会社に直接合うようなデータが集められるとは限りませんので、下記のような項目の比率で調整することも可能かと思います。

《役員報酬額の決定要因》
　① 売上金額（貴方の会社と比較会社平均との比率）
　② 売上総利益（同上）
　③ 個人換算所得金額（同上）
　④ 使用人給与の最高額（同上）

　----(例)----
　上記の比率が①＝1.5　②＝1.2　③＝1.1　④＝1.2とすると調整比率＝（1.5＋1.2＋1.1＋1.2）÷4＝1.25
　貴方の会社の役員報酬＝比較会社の平均役員報酬×1.25

＊会社の業種別、規模別の報酬等の統計集が市販されていますので、それらの内容を参考にされるのもよいでしょう。

## 43 社長が賞与の受領を辞退した場合でも課税？

**Q** 私は、会社の社長をしていますが、会社から未払の賞与について、会社が支払不能の状態のためその受領を辞退しようと考えています。

その場合、会社の所得の計算上、賞与分を会社に贈与したということで利益としなければなりませんか。

また、受領を辞退した場合の私の所得税はどうなりますか。

**A** 会社について次のような事実があった場合、これに伴ってその役員であった者から資産の贈与または債権についての債務免除があったときは、会社の所得の計算上、利益としなくてもよいことになっています。

| 会　社　の　所　得 | （債務免除額） |
|---|---|

（通常の場合）

└─所得に債務免除額を含みます。

┌─所得に債務免除額を含みません。

| 会　社　の　所　得 | （債務免除額） |
|---|---|

（一定の場合）

（例）債務免除が会社の所得に含まれるか否かの差が1,000万円あるとすると、法人税負担の差は次のとおりです。

1,000万円×37%（法人税率）＝370万円アップ

＊上記法人税率には地方税率も含まれています。

## 資産の贈与等をしても課税にならない場合

(1)　会社法の規定による整理開始命令があったこと

(2)　破産法の規定による破産宣告があったこと

(3)　民事再生法の規定による再生手続開始の決定があったこと

(4)　会社更生法又は金融機関等の更生手続の特例等に関する法律の規定による更生手続の開始決定を受けたこと

(5)　法人が事業不振のため会社整理の状態に陥り、債権者集会等の協議決定により債務の切捨てを行ったこと。

## 役員賞与の受領を辞退した者の所得税

### (1)　役員賞与が確定してから1年以内の場合

①　一般には給与等源泉徴収の対象となるものの支払者（会社）が未払のものについて支払債務を免除されたときにその支払があったものとして源泉徴収を行うこととなっています。

　つまり、給与等の支払をした後に、源泉徴収済みの手取額について、改めて会社が贈与を受けたと考えます。

②　資産の贈与等をしても課税にならない場合の(1)から(5)に該当する場合で、役員賞与についてその支払が確定した日から一年を経過する日までに受領を辞退したときには、まだ、所得税が源泉徴収されていませんから、会社としては支払額全額が債務免除益（利益には計上されません）となり、役員の所得税についても賞与がなかった

ものとされます。

⑵　**役員賞与が確定してから1年超の場合**

　役員賞与については支払の確定した日から1年を経過した日までにその支払がなされない場合は、1年を経過した日にその支払があったものとみなして所得税が源泉徴収されるので、受領を辞退したときに既に所得税が源泉徴収済みということがあります。

　このようなときでも、資産の贈与等をしても課税にならない場合の⑴から⑸に該当する場合は、受領を辞退した役員についての更正の請求（所得税の還付請求）ができることになります。

# 44 特定の月だけ増額した役員報酬は？

**Q** 特定の月だけ役員報酬を増額すると、それは役員賞与とされ、会社の必要経費にならなくなってしまうのでしょうか。

**A** 特定の月だけ増額する役員報酬は、その増額部分（各月の支給額を超える部分）が臨時的な給与とされ役員賞与となります。

役員賞与と判断されると会社の所得の計算上、必要経費（損金）に計上できませんのでその分、法人税もアップします。

【特定月の増額部分が会社所得に加算】

| 会　　社　　の　　所　　得 | ×法人税率 |
|---|---|

特定月の増額部分の計

| 会　　社　　の　　所　　得 | ×法人税率 |
|---|---|

（例）

① 毎月（6、12月以外）の役員報酬……100万円

② 6、12月の役員報酬……150万円

③ （150万円 − 100万円）× 2 回＝100万円→役員賞与

④ 法人税負担の差…100万円×37％＝37万円アップ

＊上記法人税率には地方税率も含まれています。

## 特定月の増額報酬が賞与となる理由

　役員の職務執行の対価である役員報酬は本来包括的なもので、従業員に対する給与のように奨励給とか歩合給を区分けして認識するものではなく、そのため、役員報酬は、通常年に1回程度行われる報酬の改訂を除いて毎月定額であるべきで、月によって増額するような場合は、その増額部分は役員賞与となります。

## 45 一度増額した役員報酬を短期間で元に戻すと問題になる？

**Q** 当社は同族会社ですが、4月に報酬を改訂し（ベースアップも同時期です）、社長の報酬を月額20万円アップし、120万円としました。

この額は、社長の職務の内容として過大ではありません。また、株主総会で承認を受けた支給限度額の範囲内です。

このように一度改訂をしたのですが、会社の営業状態が悪くなり、9月以降資金不足から、月額100万円に戻さざるを得なくなりました。

このような場合、4月から8月までの増額分は、役員報酬でよいのでしょうか。それとも役員賞与となり会社の経費にならなくなってしまうのでしょうか。

**A** 社長の報酬について、通常行われる報酬の増額改定時期に増額が行われたものであり、また、資金不足等の理由からやむを得ず減額したとのことですから、それなりの理由があると思われますので役員報酬のままで結構です。

なお、やむを得ないとは認められない理由（例えば売上予算が未達等）の場合は、必要経費（損金）とならない部分も出てきますので、注意してください。

【役員報酬の推移】

| | | |
|---|---|---|
| 1月～3月 | 役員報酬　100万円 | 増額 |
| 4月～8月 | 役員報酬　120万円 | |
| 9月以降 | 役員報酬　100万円 | 減額 |

## 役員報酬か役員賞与かの判断

　会社が社長に対して支給した給与が報酬となるか、賞与となるかは、Q40でもご説明しましたとおり、その給与が定期（同額）の給与に該当するかどうかにより判定することになります。

　ここで定期の給与とは、あらかじめ定められた支給基準に基づいて月以下の期間を単位として規則的に反復または継続して支給される給与をいいます。

　したがって、特定の月だけ増額して支給した場合、各月の支給される額を超える部分の金額は、臨時的な給与となります。そのため、役員賞与（利益の処分）として必要経費（損金）の額に計上できないこととなります。

　ご質問の場合は、4月から8月までの特定の月だけの増額ですが、元の報酬額に戻したことについて合理的な理由がありますので、役員賞与とせず役員報酬で結構です。

# 46 過去の減額分の役員報酬を一括で支給すると役員賞与？

**Q** 私が社長を務める会社では、業績不振のため、2年前の株主総会の決議で、役員報酬を20％減額しました。

最近、業績もかなり回復してきたため、役員報酬を減額前の金額に戻し、また、過去の減額分の合計額を一括支給する方向で考えています。

このような過去の減額分の一括支給額は、税務上、役員報酬として必要経費に計上できるでしょうか。

【役員報酬支給状況及び予定】

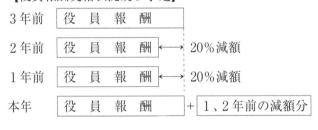

**A** 過去の役員報酬の減額分を一括支給すると、役員賞与を支給したものとされ、会社では法人税の計算をする際、必要経費（損金）に計上できません。

## 減額分の一括支給が役員賞与でなく役員報酬となる場合

役員報酬を過去に遡って増額し減額されていた金額を一括支給する場合は定期支給ではなく臨時支給のため本来的には役員賞与となりますが、次のような条件を満たすことで役員報酬（必要経費）とすることができます。

① その増額が定時株主総会において行われていること。

② その差額を決議した日を含む事業年度の期首までの遡及であること。

③ 上記②の支給額について事前確定給与（Q52参照）として税務署に届け出をし、届け出どおり支給すること。

したがって、業績不振による減額分を元に戻すための増額であっても、減額時まで遡ってその差額を支給する場合は、臨時の給与に該当し、役員賞与として取り扱われることになります。

参考

**発生時に未払計上した場合**

事情により、役員報酬を支給できず本来の支給時に未払計上してその後、一括で支払った場合には、役員賞与とはされず、未払金の決済となります。

# 47 社長の親族を役員とした場合に、役員報酬はどの程度認められる？

**Q** 私は同族会社のオーナー社長ですが、今回、妻が監査役に就任することになりました。また、妻は会社の経理の仕事を一部手伝うことになりますが、月間の出勤日数は1週間程度となります。このような場合、妻の役員報酬はどの程度なら問題にならないのでしょうか。

**A** 役員報酬が過大なものとなるかどうかの具体的な判断は、Q42でもご説明しましたとおり、形式基準と実質基準があります。

ここで実質基準においては、役員ごとにその役員の職務内容（社長、専務、常務、平取締役、監査役）、職務に従事している程度（常勤、非常勤）、職務年数、その会社の収益、業種、規模、所在地、他の役員との報酬のバランス、従業員に対する給与の支給状況、その会社と同種事業で事業規模が類似する会社の役員報酬の支給状況等を総合的に検討して過大かどうかの判断をすることになります。

ご質問の場合も、上記の基準に基づいて役員報酬を決めることになるかと思いますが、少なくとも社内の同程度の業務を行う他の役員や従業員と比較して高額と認められる場合は、過大役員報酬となり過大部分は会社の必要経費（損金）に計上できないでしょう。

【注意点】
　学生等で実際に職務を行っていない社長の子供等を非常勤役員とした場合の役員報酬は、単なる所得分散と考えられるため、社長に対する役員報酬と判断されますので注意が必要です。

# 48 社長が長期に入院した場合でも役員報酬はそのままで問題ない？

 **Q** 当社は同族会社ですが、社長が病気療養のため半年ほど入院することになりました。

現在、社長の報酬は月300万円ですが、この報酬額を変更しなくても特に税務上の問題はないでしょうか。

**A** 従来の社長の報酬額が、適正なものである限り、入院したことをもって過大役員報酬とされることはありません。

そのため、支払われた報酬は会社の所得の計算上、必要経費（損金）に計上されます。

なお、入院期間が更に長期に及ぶような場合や社長から非常勤役員になるような場合は、その時点で役員報酬の額を算定し直す必要があるでしょう。

## 49 社長の長男（従業員）に高額の給与を支給してもいい？

**Q** 私の会社は同族会社ですが、長男が従業員として勤務しています。年齢的にまだ若いこともあって、役員にはなっていません。

　この長男に、役員並みの給与を支払った場合、課税はどうなるのでしょうか。

**A** 会社が支払う役員報酬のうち過大なものは、会社の所得の計算上、必要経費（損金）にはなりません。

　一方、役員でない従業員の場合は基本的に支払われた給与は必要経費（損金）になります。

　しかし、「特殊関係使用人」に該当すると、給与、賞与または退職給与のうち不相当に高額なものは、必要経費（損金）に計上できません。

```
役員 ┬ 賞与、役員報酬で過大部分 ┐
     ├ 役員退職金の過大部分　　 ┴→ 会社の必要経費にならない
     └ 通常の役員報酬・役員退職金 → 会社の必要経費

従業員（特殊関係
使用人を除く）　　── 給与、賞与、退職金 → 会社の必要経費
```

```
┌─────────┐
│従業員のう├─通常の給与・賞与・退職金──→会社の必要経費
│ち特殊関係│
│使用人   ├─給与・賞与・退職金の過大部分→┌会社の必要経┐
└─────────┘                              └費にならない┘
```

なお、特殊関係使用人とは、次の者をいいます。

### 特殊関係使用人の範囲

① 役員の親族（配偶者、6親等内の血族及び3親等内の姻族）

② 役員と事実上婚姻関係と同様の関係にある者（内縁の妻等）

③ ①及び②以外の者で役員から生計の支援を受けているもの（役員の愛人等）

④ ②及び③に掲げる者と生計を一にするこれらの者の親族

　あなたのご長男は、役員（貴方：社長）の親族であり、「特殊関係使用人」に該当しますから、ご長男に対する給与、賞与または退職金のうち過大なものは、必要経費（損金）に計上されないことに注意する必要があります。

## 50 経営に関与してなければ社長の配偶者へ支払う賞与も必要経費？

**Q** 私（社長）の妻は当社の経理部長ですが、取締役ではありません。取締役でない場合でも役員とみなされ、賞与について必要経費に計上できないケースがあると聞きましたが、どのようなことなのでしょうか。なお、私の妻は経営には関与していません。会社の株式保有状況については、私が70％、妻が15％です。

**A** 貴方の妻が経営に従事していなければ、役員とみなされることはありませんので、従業員に支払われる賞与と同様に必要経費（損金）に計上できます。

会社の使用人は、原則として役員として取り扱われることはありません。ただ、同族会社の大株主やその親族が事実上その会社の「経営に従事している方」のうち、次の条件の全てを満たす方は、役員として取り扱われています。

(1) 本人（ご相談のケースでは妻）が、その会社が同族会社であることについての判定の基となった株主グループに属していること

(2) 本人の属する株主グループの持株割合が10％を超えていること。

(3) 本人（本人の配偶者等を含みます。ご相談のケースでは貴方（社長）を含みます）の持株割合が５％を超えて

いること。

　ご相談の内容からは、貴方の妻は上記(1)から(3)の条件を満たしますが、前提となる「経営に従事している方」には該当しません。そのため、役員にはならないことになります。そのため、賞与を支給しても必要経費（損金）に計上できます。

# 51 株を持たない後継者へ支払う賞与は必要経費？

**Q** 私（社長）には、娘がおりますが、娘の夫が私の会社で働いており、後継者となる予定です。娘の夫はまだ、取締役にはなっておりませんが私や他の取締役と共に経営に従事しています。このような場合、娘の夫は役員とみなされてしまうのでしょうか。

なお、会社の株式保有状況については、私が70％、妻が24％、娘が６％で娘の夫は株式を所有していません。

```
┌──────┐  ┌──────┐  ┌──────┐  ┌──────┐
│  私  │  │  妻  │  │  娘  │  │ 娘の夫 │
│(社長)│  │      │  │      │  │      │
└──────┘  └──────┘  └──────┘  └──────┘
   70％      24％       6％       ゼロ
    │         │         │         │
    ▼         ▼         ▼         ▼
┌──────────────────────────────────────┐
│              会    社                 │
└──────────────────────────────────────┘
```

**A** 貴方の娘の夫は経営に従事しており、娘が６％（５％超）の株式を所有していることと等から役員とみなされることになります。そのため、賞与が支払われた場合は必要経費（損金）に計上できません。

　会社の使用人は、原則として役員として取り扱われるこ

とはありません。ただ、同族会社の大株主やその親族が事実上その会社の「経営に従事している方」のうち、次の条件の全てを満たす方は、役員として取り扱われています。

(1) 本人（ご相談のケースでは娘の夫）が、その会社が同族会社であることについての判定の基となった株主グループに属していること

(2) 本人の属する株主グループの持株割合が10％を超えていること。

(3) 本人（本人の配偶者等を含みます。ご相談のケースでは貴方の娘）を含みます。）の持株割合が5％を超えていること。

　ご相談の内容からは、貴方の娘の夫は上記(1)から(3)の条件を満たし、かつ、前提となる「経営に従事している方」には該当します。そのため、役員に該当することになります。そのため、賞与を支給した場合、必要経費（損金）に計上できません。

## 52 定期同額の報酬でなくても経費になる？
（事前確定届出給与）

**Q** 社長や他の役員が賞与の支給を会社から受ける場合、通常は会社の必要経費にならないと思うのですが、可能な場合もあると聞きました。具体的にはどのようなケースなのでしょうか。教えてください。

**A** 役員賞与は定期同額給与に該当せず、基本的に必要経費（損金）に計上できません。しかし、事前確定届出給与として、事前に所轄の税務署へ届出をしていれば、役員賞与も必要経費（損金）に計上することができます(注)。

(注) 不相当に高額な部分の金額がある場合には、その部分の金額は必要経費（損金）に計上できません。

　事前確定届出給与とは、その役員の職務につき、株主総会等で支給する旨を定め、所定の時期に確定額を支給する旨の定めに基づいて支給される給与をいいます（つまりは役員賞与です）。この給与の内容につき所轄の税務署に届出をすることにより認められます。

### 届出期限

　事前確定届出給与の届出は、事前確定届出給与に関する決議をした株主総会の日から1か月を経過する日と、会計期間開始の日から4か月を経過する日とのいずれか早い日

となっています。

## 支給時の注意点

　届出額と実際の支払額とが異なる場合は、その支給額全額が損金に計上できなくなります。

　例えば、役員賞与を150万円支給する届出をして、200万円支給すると150万円を超える50万円が損金に計上できないのではなく、200万円全額が損金に計上できません。

　また、実際に支給した金額が100万円であれば100万円全額が損金に計上できません。

　なお、事前届出給与とは別に役員に決算賞与を支給した場合、それ自体は損金に計上はできませんが、取締役会等で定められ支給されるものであることから、事前届出給与に影響（否認）はないと考えられます。

## 53 社長が無利息で会社から金銭を借りた場合の課税は？

**Q** 私は会社の社長をしておりますが、今回、不動産を購入するに際して、会社から資金を借りたいと考えています。利息についてはできれば無利息でと思っていますが、このような場合、何か課税がされるのでしょうか。

**A** 社長が会社から金銭を無償（無利息）または通常の利率より低い利率で借り入れた場合は、通常の利率により計算した利息の額と実際に支払った利息の額との差額は、社長に供与した利益（社長に対する給与）となり課税されます。

1,000万円貸付け（無利息）

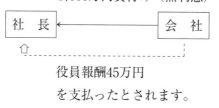

役員報酬45万円

を支払ったとされます。

＊通常の利率による利息－実際に支払った利息＝|給与|
　　　　⇧　　　　　　　　　　　⇧
　（1.6％、下記参照）　（無利息の場合はゼロ）

ここで、通常の利息は、次のようになります。

### 通常の利息の計算

(1) 金銭を会社が他から借り入れて貸し付けたものである
ことが明らかな場合は、その借入金の利率によります。
つまり、社長に対する貸付金とひもつきの借入金の利率
によります。

(2) その他の場合は、特例基準割合（現在0.6％）※に
1％を加算した利率によります。

＊国税庁のホームページで確認できます。

### 参考

法人の1事業年度における額が、5,000円以下のものは、
少額として給与として課税はされないことになっています。

## 54 社長から会社が無利息で貸付けを受けた場合も課税？

**Q** 私には、自分が代表者をしている会社がありますが、資金繰りの都合から、会社に、運転資金を貸し付けたいと考えています。その際、会社の負担も大変なので無利息としたいと思っていますが、この場合、課税関係が生じるのでしょうか。

**A** 社長は実際に利息を受け取っていないのですから利息を認定されて所得税を課税されることもありませんし、会社については、社長からその支払利息相当額の免除を受けた利益を認定されても支払利息（経費）と相殺され、損益に影響はなく課税になりません。

1,000万円貸付け（無利息）

社 長 ──→ 会 社

⇩

課税なし

**仮に会社が仕訳をした場合**

| | | |
|---|---|---|
| 支払利息（経費）100 ／ 現金 | | 100 |
| 現金 100 ／ 支払利息免除益（利益） | | 100 |

152

## 社長も会社も課税されない理由

### (1) 個人と会社の性格の違い

　会社は利潤の追求を目的とする営利法人ですから、その取引全般について常に経済性、合理性が追求されますが、個人（社長）は必ずしもそうではないという違いがあります。

　そのためご質問とは反対に、会社が社長に無利息で金銭を貸した場合には、営利を目的とする会社としての本質に反する行為ですから、通常の利息を受け取るべきで、受け取らないときであっても、利息を受け取った後にその経済的な利益を支給（給与）したものとされ、一方、経済的利益を受ける社長には所得税（給与所得）がかかります。

### (2) ご質問のケース

　社長が会社に無利息で金銭を貸したときは、(1)の理由から、当然に利息を受け取るべきということにはなりません。

　一方、社長から無利息で借りる会社の側からみてみれば、無利子の方が利潤追求の目的に合っています。

　したがって、社長は実際に利息を受け取っていませんので所得税は課税されませんし、会社については、支払利息相当の利益を認定されてもその支払利息（経費）と相殺され、利益は発生せず課税にならないわけです。

　裁判例で社長が同族会社に3,000億円以上もの資金を無利息で貸付け（社長の自社株を買い取るため）たことについて、税務署が社長の利息を認定し（受け取ったこととした）、所得税が課税されたものがありますが、これはその内容からも特別なケースと思われます。

## 会社が利息を支払う場合の注意点

(1)　会社が役員に対して、現実に利息を支払うときは、その利息の額が適正である限り、会社の費用になります。

(2)　この場合、会社法、自己取引になりますから借入額、利率、利息の支払方法、元本の返済方法等について取締役会の承認を得た上で会社と社長間で金銭消費貸借契約書を作成しておくべきでしょう。

(3)　社長は、受け取った利息を雑所得として所得税の申告が必要になります。

# 55 社長からの借入金について会社が支払う適正な利息とは？

 会社が社長に借入金の利息を支払う場合、どの程度の利息が適正なのでしょうか。

 社長が会社に貸付けをした場合の利率の基準は、次のようになると考えられます。

## 社長が会社に貸し付けた場合の利息の基準

(1) 社長が金銭を他から借り入れて貸し付けたものであることが明らかな場合は、その借入金の利率によります。つまり、会社に対する貸付金とひもつきの借入金の利率によります。

(2) その他の場合（社長の余裕資金を貸す場合等）は、特例基準割合（現在0.6％）※に1％を加算した利率によります。

※ 国税庁のホームページで確認できます。

ご質問の場合は、Q53でご説明したケースと反対ですが、会社が社長に貸し付けた場合の利息の基準と同じと思われます。

## 【注意点】

社長が高利で会社に貸し付けた場合は、適正利息部分は雑所得になります。

また、適正利息部分を超える部分は社長に対する給与になります。ここで、適正利息が定期のものか臨時的なものかによって、役員報酬（会社では必要経費）になるか役員賞与（会社では必要経費にならない）になるかの区分をすることになります。

## 56 会社の借入れに社長が個人保証した場合、保証料は受け取ってもいい？

**Q** 私はある会社の社長をしておりますが、会社が銀行借入れをするときに、私が個人保証や担保提供をしなければならないことがあります。

この場合、この保証に対して保証料を会社から受領することができますか。また、できる場合、会社の必要経費にはなるでしょうか。

**A** 社長は保証料を受け取ることができます。この場合、基本的に雑所得となり、所得税の確定申告が必要になります。

また、会社が負担した保証料は、会社の法人税の計算上、必要経費（損金）になります。

| 社　長 | ← 保証料 | 会　社 |

⇩　　　　　　　　　　　　　　　　　⇩

雑所得(所得税の確定申告)　　　必要経費(損金)に計上

**社長の課税**

社長の受け取る保証料は、適正な額については雑所得となります。しかし、高額と考えられる部分は給与所得（役員報酬または役員賞与）となります。

ここで、保証料が定期のものか臨時的なものかによって、

役員報酬（会社では必要経費）になるか役員賞与（会社では必要経費にならない）になるかの区分をすることになります。

### 会社の保証料の取扱い

社長が個人保証または担保提供を行って銀行から会社が融資を受ける場合、会社が社長に支払う保証料等の額が融資の内容及び保証の範囲等からみて適正な金額であれば、会社の所得の計算上、必要経費（損金）にすることが認められます。

つまり、社長が保証等をしない場合、会社としては信用保証機関、他の金融機関、取引先等に保証を依頼しなければならず、その場合の保証料が必要経費（損金）になるわけですからそれと同様に考えてよいでしょう。

なお、保証料の金額については、第三者（信用保証機関等）が保証した場合の保証料（現在、信用保証協会の基本料率は会社の状況等により0.35％～1.9％。従来は一律有担保保証1.25％、無担保保証1.35％）が目安と考えられますので、それらの保証料と比較し、高額な部分は役員報酬（臨時的なものであれば役員賞与）となります。

## 57 会社役員賠償責任保険の保険料を会社が負担しても問題ない？

> **Q** 最近では、株主代表訴訟が多くなってきているようですが、私の会社でも、会社役員賠償責任保険に加入しようと考えています。
>
> その保険料を会社が負担した場合、税務上何か問題が生ずるでしょうか。

**A** 現在では、株主代表訴訟がしやすくなり、取締役が経営上の過失等によって損害賠償請求を受ける事例が増えています。

これに対応するため、会社役員賠償責任保険に加入するケースが増加していますが、その保険料を会社が負担することについて、課税上の取扱いは、次のとおりです。

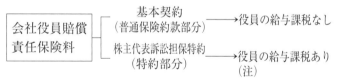

㊟　給与課税されないケースがあります（次ページ参照）。

### 保険料を会社が負担した場合の取扱い

(1)　**基本契約（普通保険約款部分）**

①　第三者から役員に対して損害賠償請求がなされ、役

員が損害賠償責任を負担しなければならない場合に、保険金が支払われる契約部分の保険料は、会社が負担した場合であっても役員に対する給与にはなりません。

②　株主代表訴訟で、役員が勝訴した場合の訴訟費用を負担する部分の保険料は会社が負担しても役員に対する給与になりません。

　これは、役員が勝訴した場合の訴訟費用は、適正な業務を行っている役員のリスクをカバーし、言いがかり的または嫌がらせ的訴訟から役員を保護するためのものと考えられるからです。

## (2)　株主代表訴訟担保特約

　株主代表訴訟で、役員が敗訴した場合の損害賠償金及び訴訟費用を担保するもので、この部分の保険料を会社が負担するのは、①会社と役員の利益相反性、②違法行為の抑制効果の減殺、③役員に対する無償利益の供与等の観点から会社法上の問題があります。

　そのため、会社が保険契約者として保険料を負担したときは、役員に対する経済的な利益を与えたことになり原則的に給与として所得税が課税されます。

　ただし、所定の手続き（取締役の承認や社外取締役全員の同意等）を行うことにより、会社法上適法に負担した場合には、給与としての課税はありません(注)。

(注)　詳しくは国税庁ホームページ「新たな会社役員賠償責任保険の保険料の取扱いについて（情報）」を参照してください。

# 58 社長所有の住宅を借上社宅として社長に貸した場合の課税は？

**Q** 社長所有の住宅を会社が社宅として借り上げ、通常の家賃を支払った上で社長に貸した場合、その社長からQ20でご説明のあった方法で賃料を徴収していれば、税務上問題はありませんか。

また、社長の長男（会社の取締役）に賃貸した場合はどうでしょうか。

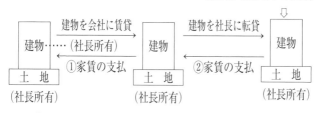

（社長は社宅として使用）

建物を会社に賃貸　　　　建物を社長に転貸

建物……（社長所有）　　　建物　　　　　　　建物

①家賃の支払　　　　　②家賃の支払

土　地　　　　　　　　土　地　　　　　　　土　地

（社長所有）　　　　　　　（社長所有）　　　　　　（社長所有）

＊　①家賃の支払額＞②家賃の支払額の場合もあり

**A** 会社が借り上げた社宅を賃貸した場合の取扱いは、次のとおりです。

## 借上社宅を賃貸した場合の取扱い

### ⑴　原則的な扱い

　会社が借り受ける社宅には、会社が第三者から借り受けて役員または使用人に賃貸する社宅のほかに、役員または使用人から借り受けて他の役員または使用人に賃貸する社

宅があります。

　このような場合、会社は通常の家賃を支払うことが多く、一方、入居者からとる賃貸料については、Q20でご説明したとおりですが、入居者が役員の場合は原則として会社の支払う賃貸料の50％相当額を賃貸料として徴収すればよいこととなっています。

> ┄┄(事例)┄┄
> 　会社から社宅の所有者に支払う賃料………10万円
> 　会社が入居者の役員から受領する賃料……5万円
> ＊差額の5万円について役員に課税はない。

## (2)　借り上げた社宅の所有者に賃貸する場合の取扱い

### ①　社長に賃貸した場合

　ご質問のように社長所有の住宅を会社が借り上げてそのまま社長に貸与する場合は、家屋の貸借関係は形式的なもので、実質的な家屋の使用については、貸借関係がないのと同じです。

　そして、社長が会社に賃貸することによって受け取る賃貸料は社長が会社に支払う賃借料より多いのが一般的ですから、その差額は社長に対する給与（定期の給与となり報酬）になります。

【社宅所有者と入居者が同じ場合】

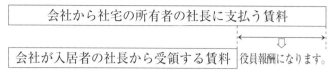

この取扱いは、家屋が役員のものである場合だけでなく、使用人のものであるときでも同じです。

② 社長の長男に賃貸した場合

家屋の所有者が社長で、会社を通じて借り受けるのが社長の長男という場合でも、親子間ですので実質的に同一人と考えられます。

そのため社長が会社に賃貸することによって受け取る賃貸料と長男が会社に支払う賃借料との差額は社長に対する給与（この場合、定期の給与ですから報酬）になります。

## 59 社長に対する渡切りの機密費への課税は？

**Q** 私は社長として会社から、いわゆる機密費として毎月一定額を受け取り、取引先等に対する接待などのために使っています。

なお、この機密費について、特に使用実績の報告を求められていません。

このような費用について、会社の法人税の計算上、交際費として問題ないでしょうか。

**A** 会社が、その得意先、仕入先その他の事業関係者に対する接待、供応、慰安、贈答等のために支出した金額は、交際費となります。

ただし、ご質問のように社長に対する渡切りの機密費で使途の確認ができない場合は、税法上、交際費等に該当するかどうか不明ということになります。

したがって、それらの金額を交際費として扱うことはできませんが、その支給を受けた社長の給与（定期の給与として報酬）として取り扱われ法人税の計算上、必要経費（損金）に計上できます。社長は給与所得課税されます。

**【注意点】**

社長に対して渡したこともはっきりしない場合は、使途秘匿金として法人税が加重されますので注意してください。

# 60 スポーツクラブ等の会員権を社長名義で購入したら社長への賞与？

**Q** 当社は、従業員の福利厚生の一環としてスポーツクラブの会員権を購入することとしましたが、購入予定のスポーツクラブには法人会員制度がないため、社長名で入会し、会員権は会社資産として計上しようと思いますが、社長に対する賞与になったりしないでしょうか。

**A** 会社が従業員の福利厚生用または取引先の接待用として利用するため、スポーツクラブ等の会員権を購入し会社資産として計上する場合には、基本的には、会社名義で入会することが必要です。

しかし、法人会員制度がない場合には代表者等の個人名義で入会した場合でも、会社の事業のために利用している場合には、会社の資産とされます（ゴルフ会員権についても同様です）。

## 会員権の取得時の処理

(1) **原則**

スポーツクラブ、レジャークラブ等の入会に際して社長等の個人会員として入会した場合は、その入会金は社長等に対する賞与になります。

## (2) 法人会員制度がない場合

　入会するスポーツクラブ等に法人会員制度がなく個人会員として入会したとしても、会社が従業員の福利厚生用や取引先の接待用としてその会社の業務遂行上必要ということであれば、合理的な理由がありますので、その会員権を会社の資産として計上できます。

## 【注意点】

　個人会員である特定の役員や従業員が会社の業務目的以外に利用している実態にある場合には、会員である特定の役員や従業員に対する賞与になります。

### 会員権の会費の処理

　資産に計上した会員権の会費はその利用目的によって福利厚生費または交際費等になります。

　貴社の場合は、従業員の福利厚生用として利用するとのことですので福利厚生費となります。

# 61 社長を被保険者とする傷害特約付定期保険の保険料の課税は？

**Q** 私の会社では、私を被保険者として、会社を保険金受取人（ただし、特約に対する保険金については被保険者である私が受取人です）とする傷害特約付の定期保険に加入しています。

この場合、会社が支払う保険料は、傷害特約の保険料を含めてどのような課税関係になるのでしょうか。

**A** 会社が役員または従業員を被保険者とする傷害特約付の定期保険に加入し、その保険料を負担した場合の課税関係は、次のようになります。

## 傷害特約付の定期保険の課税関係

### (1) 保険金受取人を会社としている場合

福利厚生費として会社の法人税の計算上、必要経費（損金）に計上できます。

### (2) 保険金受取人を被保険者としている場合

全従業員（または特定の職種についている者等）を加入対象者としている場合には、(1)と同様に福利厚生費として必要経費（損金）に計上できますが、役員または部課長などの特定の者のみを加入対象者としている場合には、その保険料は、加入対象者である特定の者に対する給与とされます。

(3) ご質問の場合

　ご質問の傷害特約付の定期保険でその本体契約についての保険金の受取人と傷害特約についての保険金の受取人が異なる場合には、全体の保険料を本体契約についての保険料と傷害特約についての保険料に区分して、それぞれ上記(1)及び(2)のように取り扱うことになります。

　ご質問の結論としては、次のようになります。

① 定期保険本体……定期保険本体の保険金の受取人は会社となっていますので、その本体契約に係る保険料は、会社の福利厚生費として必要経費（損金）に計上できます。

② 傷害特約……傷害特約に対する保険金の受取人が被保険者である社長（貴方）になっていますので、対象は社長に限定されていることになり、その保険料は、被保険者である社長の給与（月払なら報酬、一時払なら賞与）となります。

（参考）

　役員及び従業員の全部が同族関係者である場合は、その全員を対象として保険に加入するとしても、保険料の2分の1は福利厚生費ではなく給与になります。そのため、一時払や短期払の保険料を支払ったときには、保険料の2分の1は賞与とされ、役員分については必要経費（損金）に計上できないことになりますので注意してください。

# 62 執行役員の賞与は必要経費にできない？

**Q** 私の会社では、取締役を削減し、意思決定及び
業務執行を迅速にするため、執行役員制度を導
入したいと思っています。

執行役員について税務上、通常の役員と同様に賞与
については必要経費に計上できないようなことはある
のでしょうか。

**A** 執行役員制度は、会社法本来の取締役とは別に、具
体的な業務執行についての職務に従事する役職の担
当者を置くものです。

この執行役員制度は、税務上、特に規定はなく、会社法
も決められたものではありません。

そのため、その実態に応じて役員についての従来からの
取扱いを適用することになります。

## 法人税法上の役員

(1) 取締役、執行役（171ページ参考参照）、監査役、理事
等の会社法等の法定の役員

(2) いわゆる「みなし役員」

＊みなし役員とは、「会社の従業員以外の者でその会社の経営
に従事しているもの」をいい、相談役、顧問その他これらに
類する者で、その会社内における地位、その職務等からみて、

他の役員と同様に実質的に会社の経営に従事していると認められる者をいいます。

## 執行役員と法人税法上の役員

### (1) 執行役員が会社法上の取締役等を兼務する場合

法人税法上も役員に該当することになりますので、役員賞与は会社の必要経費になりません。

### (2) 執行役員が会社法上の取締役等を兼務しない場合

通常、執行役員は取締役会の議決権がないことや業務執行についての責任はありますが、会社の経営に従事しているとは判断されないことから、みなし役員に該当しない場合が多いでしょう。

【執行役員の形態と税務上の取扱い】

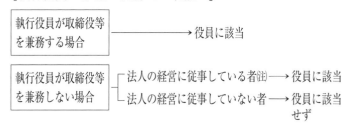

(注) 執行役員の職務内容や権限等から、経営に従事していると判断される場合には、取締役に選任されていなくても、みなし役員に該当します。

**執行役**

　委員等設置会社における執行役は、法的にも機関とされており、税務上も役員となります。

#  過大な役員退職金は会社の必要経費にならない？

**Q** 私は同族会社の代表取締役ですが、そろそろ後継者に会社を任せようと考えています。

ところで、私が退職する際に受け取る退職金ですが、過大であると判断されると会社の必要経費にならないと聞きましたがそうなのでしょうか。また、そうだとしたら過大とされない適正な金額の決め方を教えてください。

**A** 役員に支給した退職金のうち、その役員が会社の業務に従事した期間、退職の事情、その会社と同種の事業を営み事業規模が類似する会社の役員退職金の支給状況と比較して、過大な部分の金額は、必要経費（損金）になりません。そのため、その分に対応する法人税が増加してしまいます。

【役員退職金の過大部分が会社所得に加算】

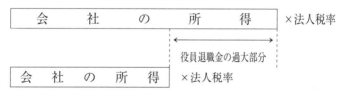

（例）役員退職金の過大部分が1,000万円であるとすると、法人税負担の差は、次のとおりです。

1,000万円×37％＝370万円アップ

＊上記の法人税率には地方税率も含まれています。

## 役員退職金が過大かどうかの判断

### (1)　法人の業務に従事した期間

　役員の役位（役員のポスト）によって職務内容、責任の程度が違いますので、使用人の場合のように単純に期間の長短だけで決定するのではなく、役位によって業務従事期間に異なったウエイトを乗じて計算するのが一般的です。

### (2)　退職の事情

　退職の事情には定年、死亡、任期満了、自己都合による辞任等が考えられます。

### (3)　同業種、類似規模会社の支給状況

　同業種、類似規模会社（類似会社）との対比は支給額ではなく、支給率によって行います。判例等でも功績倍率が重視されています。

### (4)　その他の事情

　会社の収益状況、使用人に対する退職金の支給状況等です。

## 具体的な計算方法

　実際に適正な役員退職金を計算するには、次の算式に基づいて計算するのが一般的です。

$$\boxed{\begin{array}{c} \text{適正な役員退} \\ \text{職金の額} \end{array}} = \begin{array}{c} \text{最終の適正な} \\ \text{役員報酬月額} \end{array} \times \text{在任年数} \times \begin{array}{c} \text{適正な功} \\ \text{績倍率} \end{array}$$

$$\text{功績倍率} = \frac{\text{退職金支給額}}{\text{最終の適正な役員報酬月額} \times \text{在任年数}}$$

$\Downarrow$

類似会社の功績倍率を調べて、自社で役員退職金を支払う場合の適正な功績倍率に適用します。

　算式の中で、ポイントとなるのは適正な功績倍率の算定です。

　しかし、業種、規模、退職役員の役職ごとの平均的な功績倍率は、公表されていないので各会社が裁判例や市販の出版物の統計等を参考にしながら算定することになります。

　なお、一般的には3倍程度を目安にしているところが多いようです。

＊各社の功績倍率は、各社の役員退職金規程に基づいて計算されますが、具体的な内容はQ64を参照してください。

# 64 役員退職金の規程はどのように決める？

 役員退職金の規程の定め方を具体的に教えてください。

 役員退職金の規程を作成する場合、税務上、過大な退職金にならないかどうかに注意をしながら決定する必要があります。

次に、役員退職金の規程の例を掲げます。

## 役員退職金規程の例

(1) 役員退職金は退任時の最終役員報酬月額に支給倍率を乗じた額を基準とする。

(2) (1)の支給倍率とはその役員の下表の各役位での職年数（1か年を単位とし、端数は月割とする）に、それぞれの係数を乗じて得た数の合計額をいう。

| 役　位 | 係　数 | 役　位 | 係　数 |
|---|---|---|---|
| 会長、社長 | 3.5 | 取締役（常勤） | 2 |
| 副社長 | 3 | 取締役（非常勤） | 0.5 |
| 専務取締役 | 3 | 監査役（常勤） | 2 |
| 常務取締役 | 2.5 | 監査役（非常勤） | 0.5 |

## 役員退職金の計算例

(1) 最終の適正な役員報酬月額……200万円

(2) 役員に在任した期間……取締役8年、常務6年、専務
5年、社長6年　計25年

(3) 支給倍率

$8 \times 2 + 6 \times 2.5 + 5 \times 3 + 6 \times 3.5 = 67$
（取締役）（常務）　（専務）　（社長）

(4) 退職金の額

200万円　　　　　×　　67　　＝　13,400万円
（最終の適正な役員報酬月額）　（支給倍率）

＊この例では、功績倍率は次のようになります。

13,400万円　÷　200万円　÷　25　＝　2.68
（退職金額）　（最終の適正な　（在任
　　　　　　　役員報酬月額）　期間）

**参考**

　会社の創業者等については上記の役員退職金だけではその貢献に十分対応していない場合もありえます。そのような場合は、特別功労金として支給することも一つの方法です。

　この場合は、退職金規程に例えば「退職金にその30％を超えない額を限度として加算することができる」といった内容の文言を盛り込む必要があります。

# 65 役員退職規程があれば高額な退職金でも認められる？

**Q** 役員退職金の支給規程を作成するに当たり、税務上の過大退職金と判断されると困るので、当初より高めの支給規程にしたいと思っていますが、それでもよいでしょうか。

**A** 税務上、過大な役員退職金規程の適用に当たっては、役員に支給した退職金の額が会社の定めた役員退職金支給規程の限度額以内であり、実際に支給した役員退職金の額が必要経費に計上（損金経理）されていても、実質的にみて過大な部分の金額は、会社の法人税の計算上、必要経費（損金）の額に計上できないことになっています。

役員退職金の支給規程を定める場合にも、このことを考慮する必要があります。

なお、過大退職金に該当するかどうかの判定は、Q63を参照してください。

【役員退職金の過大部分が会社所得に加算】

| 会　社　の　役　員　退　職　金　規　程　額 |
|---|

役員退職金の過大部分と判定

| 適正な役員退職金の額 |
|---|

（例）役員退職金の過大部分が1,000万円であるとすると、法人税負担の差は、次のとおりです。

1,000万円×37%＝370万円アップ

＊上記の法人税率には地方税率も含まれています。

## 【注意点】

　適正な役員退職金はQ63でもご説明したとおり下記のようになります。

$$\boxed{\substack{\text{適正な役員}\\\text{退職金の額}}}=\boxed{\substack{\text{最終適正役}\\\text{員報酬月額}}}\times\boxed{\text{勤続年数}}\times\boxed{\text{功績倍率（同種類似会社）}}$$

　ここで、最終役員報酬月額を退職直前になって恣意的に引き上げた場合には、その引上部分の金額はその役員に対する賞与（臨時の給与）になり、会社の法人税の計算上、必要経費（損金）になりませんし、退職金は引上前の役員報酬月額を基本として退職金を計算することになりますのでご注意ください。

**参考**

### 役員報酬が低額な場合

　役員の退職時の報酬月額が種々の事情により低く設定されている場合は、職務内容からみて適正額に置き換えて退職金額を算定することができます（高松地裁平成5年6月29日判決）。

# 66 退職時に支払えなかった退職金を今、支払ってもいい？

**Q** 私は自己の主宰する会社を3年前に退職しましたが、その当時は、会社の業績も悪く、退職金をもらいませんでした。最近になって、会社の業績も上向き、当時支払われなかった退職金を支払うという話が、会社内で出ているのですが、課税上、問題はないでしょうか。

**A** 退職金を支給することは原則として認められません。役員退職後、数年経過してから退職金の支給決議が行われるという場合には、利益操作を意図したものと判断されやすく、会社の法人税の計算上、必要経費（損金）に計上できないものと考えられます。

## 退職金を遡って支給した場合の課税

　一般的に役員の退任の承認と退任役員に対する退職金の支給決議は、同一株主総会で決議されるのが通常です。

　貴方の場合、社長を退任したときに退職金の支給について株主総会等で決議せず、また、3年後に会社の業績が良くなったことを理由に、退職金を支給することになると、利益操作と判断される可能性が高く、そうすると退職金ではなく、一種の利益処分と考えられ、会社の法人税の計算上も必要経費（損金）に計上できないものと考えられます。

## 67 社長の退職金を分割払にした場合、支払のつど会社の経費にしてもいい？

**Q** 社長が退職するに当たり、役員退職金規程に基づいて株主総会で5,400万円の支給決議をしました。しかし、資金繰りの都合で、毎月150万円の３年間の分割払とすることにしました。

　会社の経理において、分割払した事業年度の必要経費（損金）に計上し、その支払のつど、所得税の源泉徴収も行いたいと考えていますが、問題があるでしょうか。

**A** 社長の退職金が資金繰り等の理由から分割払になった場合でも、基本的には株主総会で決議された日を含む事業年度の必要経費（損金）の額に計上しますが、そうせずに分割払した各事業年度の必要経費（損金）に計上することも認められます。

　また、所得税については、その支払のつど、源泉徴収しても問題ありません。

```
退職金の必要経費   選択可能 →株主総会で決議した事業年度
（損金）の計上         →分割払したつどその各事業年度
```

(1)　**原則**……一括払時

　一括して源泉徴収

(2)　**例外**……分割払いした時

　源泉徴収される所得税は、具体的に確定している支払総額に対する所得税額をいったん計算し、その所得税額を実際の退職金の支払額に応じて按分し、源泉徴収することになっています。

182

## 68 社長を退任して顧問になっても報酬が2分の1以下にならない場合、退職金を支払うと問題がある？

**Q** 私は会社の社長をしておりますが、この度その職を退き会社の非常勤顧問となります。

報酬については、社長時に比べればかなり減額になりますが、2分の1以下にはなりません。聞くところによりますと、報酬が2分の1以下にならないと税務上、退職金とは認められず、会社でも必要経費に計上できないとのことですが本当でしょうか。

**A** 役員の分掌変更等によりその役員としての地位または職務内容が激変し、実際に退職していなくても、実質的に退職と同様の事情にあると認められる場合には、その分掌変更等に際し、退職金として現実に支給された金額は税法上も退職金と認められます。

この場合の実質的に「退職と同様の事情にある」と判断されるケースとしては、次のような場合です。

退職と同様の事情にあると判断されるケース

① 常勤役員が非常勤になった場合

② 取締役が監査役になった場合

③ 分掌変更後における報酬の額が従前のおおむね2分の1以下に激減した場合

ただし、上記①から③のいずれについても、分掌変更等のあった役員がその後も引き続き経営上の主要な地位を占めると認められる場合には、実質的な退職としては取り扱われません。

　ご質問の場合、社長が非常勤顧問になるとのことですので上記①に該当します（③の条件を同時に満たす必要はありません）。したがって、報酬の額が従前の2分の1に激減していなくても、退職金の支給は税務上認められます。

　ただし、社長がその後も引き続き経営上の主要な地位を占めると認められる場合には、実質的な退職としては取り扱われず、税務上、退職金は認められないことになります。

【注意点】

　役員の報酬がその職務内容等に応ずる適正な額でなければならないのはQ41でもご説明したとおりです。

　社長が顧問になって会社の経営から引退したような場合には、報酬の激減を伴うのは一般的であり、そうでない場合は、過大報酬を支払っている、もしくは顧問になった後も経営上の主要な地位を占めているかのどちらかになる場合が多いと考えられます。そのため、分掌変更後の報酬を決めるに当たっては注意が必要です。

## 69 会社に多額の死亡保険金の入金がある場合、遺族に対してそれをそのまま退職金として支払ってもいい？

**Q** 私が社長をしている会社では、私、役員の不慮の事故に備えて役員を被保険者とした生命保険契約を保険会社と締結することにしました。もし、仮に事故があって保険会社から保険金がおりるとすると私の場合、３億円になります。

これを会社がそのまま私の退職金として支給してしまっても課税上、問題はないでしょうか。

**A** 会社としては、退職金の額は生命保険金の入金額に関係なく、退職した社長に対する適正な退職金の額を算定し必要経費（損金）に計上し、支給する必要があります。その場合には、会社の法人税の計算上、全額必要経費（損金）になります。

仮に適正な退職金額が会社が受領する生命保険金額より少ない場合、社長の遺族に生命保険金額と同額の死亡退職金を会社が支払ったとすると、その差額は過大な退職金となり、会社の必要経費（損金）にならないことになります。

【役員退職金の過大部分が会社所得に加算】

遺族に支払われる死亡退職金（生命保険金額と同額）

```
                          ←──────────────────────→
    ┌─────────────────┐
    │  適正な退職金額  │     役員退職金の過大部分
    └─────────────────┘            ⇩
                          会社の必要経費になりません。
```

（例）役員退職金の過大部分が1,000万円であるとすると、
　　法人税負担の差は次のとおりです。

1,000万円×37％（法人税率）＝370万円アップ

＊上記の法人税率には地方税率も含まれています。

㊟　退職金の額が適正がどうかの判断についてはQ63を参照し
　　てください。

　会社では、社長をはじめとして役員及び従業員を被保険
者として生命保険契約を締結しているケースはよくありま
す。特に社長については、死亡のリスクに伴う事業資金の
手当のためや退職金等の原資とするために大口の生命保険
契約に加入していることが多いと思われます。

　そして、実際に社長が死亡した場合には、多額な保険金
の入金があるわけですが、会社で受け取った保険金は退職
金に充てなければならないといった制限は特になく、その
使い方は会社が自由に決められます。

　保険金をすべて退職金に充てた場合、その退職金が額が
適正かどうかの問題があり、適正額を超えている場合は会
社の必要経費（損金）に計上できなくなりますので注意が
必要です。

# 70 業務遂行中に死亡した社長に対する弔慰金の課税は？

**Q** 社長が先日、取引先に向かう途中交通事故に遭い、死亡しました。このため、社長の遺族に役員退職金5,000万円支給すると同時に、弔慰金を3,000万円支給したいと考えています。

この場合、会社が支給する弔慰金は、福利厚生費等として必要経費に計上してよいでしょうか。

**A** 弔慰金の金額が香典、見舞金等として社会通念上相当と認められる限り、会社においては、法人税を計算する上で福利厚生費として必要経費（損金）に計上することができます。また、弔慰金を受け取る遺族については所得税の課税はありません。

しかし、その弔慰金が、社会通念上相当と認められる額を超える場合は超える部分の金額は、退職金に含まれます。

【弔慰金の過大部分の課税】

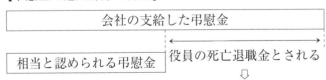

＊弔慰金の過大部分について、会社では福利厚生費にならずに退職金となりますので、その金額を加えたところで過大退職

金の判定を行い、過大退職金にならなければ全額必要経費（損金）に計上し、過大退職金になれば、過大部分は必要経費（損金）に計上できません。

ここで、その弔慰金の額が、社会通念上相当の額を超えるかどうかは、死亡した役員の社会的地位、類似会社の弔慰金の支給状況等を勘案して判定することとなりますが、具体的には、次のような基準（相続税の非課税となる弔慰金）が参考になります。

弔慰金の判定基準

(1) **業務上の死亡の場合**
　　死亡した役員または従業員の死亡当時の賞与以外の普通給与の３年分に相当する金額
(2) **業務上の死亡でない場合**
　　死亡した役員または従業員の死亡当時の賞与以外の普通給与の半年分に相当する金額

# 71 死亡した社長の社葬費用は会社の経費？

**Q** 社長が死亡したため、会社の創始者であることも考慮し、社葬を行うこととしました。

　この場合の社葬費用は、会社の必要経費として計上できるのでしょうか。それとも、社長の遺族に対する贈与等になるのでしょうか。

**A** 会社が、役員または従業員が死亡したため社葬の費用を負担した場合、必要経費になる条件は次のとおりです。

### 社葬費用が会社の必要経費になる条件

(1)　故人の経歴やその地位、死亡の事情、生前の功績等からみて、社会通念上社葬を行うことが相当と認められること

(2)　その負担した金額のうち社葬のために通常要すると認められる部分の金額であること

　この場合、密葬の費用や、墓石、仏壇等の費用、院号を受けるための費用など、明らかに遺族の負担すべきものは、上記の「社葬費用が会社の必要経費になる条件」の(2)に該当しませんので、これらの費用を会社が負担した場合には、弔慰金等として会社の必要経費（損金）に計上されるもの

なのか、あるいは、遺族に対する贈与とされるものなのか
が問題となります。

【社葬費用の内容と課税関係】

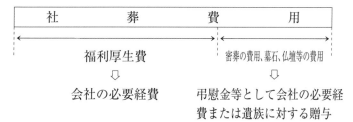

参考

　社葬時に会葬者が持参した香典等を遺族の収入（非課
税）として、会社の収入としない場合でも課税上、問題は
ありません。

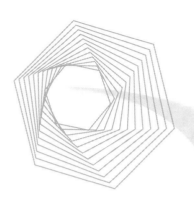

# 社長と会社の保証債務等

## 保証債務の履行のため社長が資産を処分した場合には特例がある？

**Q** 私は、自分の会社が銀行借入れをする際に債務保証をしています。今後、保証債務を履行するため自己所有の不動産を売却せざるを得なくなった場合、私に譲渡所得が発生するとの話を聞いたのですが、課税はどうなるのでしょうか。

**A** 保証債務を履行するための不動産の売却で、その代金を債務の弁済に充てたとしても譲渡所得は発生します。

この場合、会社（債務者）に対し、社長は求償権（会社に対して、社長が肩代わりした返済金を請求する権利）を持つことになりますが、その求償権の全部もしくは一部を行使できないこともままあります。

そのような場合、その行使できないこととなった金額を資産の譲渡代金の回収不能額とみなして、その金額を譲渡所得の収入金額から差し引いて譲渡所得の計算をし、税金の負担を軽減する特例があります。この保証債務の特例を適用する条件は、次のとおりです。

### 保証債務の特例の適用条件

(1) 資産を譲渡した人が保証をした事実があること。

(2) 保証した債務を実際に履行していること（借入先の銀

行等へ主たる債務者に代わって弁済している)。

(3)　主たる債務者(ご質問の場合会社)の資力からみて求償できないこと。

(4)　主たる債務者が資力を喪失してからの保証でないこと(資力喪失後であれば、単なる債務引受けまたは主たる債務者に対する贈与等になります)。

---

**(事例)**

　土地を8,000万円で売却し、そのうち6,000万円を借入金の返済に当てた場合、保証債務の特例が適用できる場合とできない場合とでは、次のような大きな差が出ます。

| | 保証債務の特例無し | 保証債務の特例有り |
|---|---|---|
| 売却代金 | 8,000万円 | 8,000万円 |
| 保証債務額 | — | 6,000万円 |
| 購入代金 | 1,000万円 | 1,000万円 |
| 売却費用 | 300万円 | 300万円 |
| 所得金額 | 6,700万円 | 700万円 |
| 所得税等 | 1,340万円 | 140万円 |

(注1)　所得税等=(国税15%、地方税5%)復興特別所得税は考慮していません。

(注2)　売却された土地の所有期間は売却した年の1月1日現在で5年を超えているものとします。

---

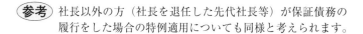 社長以外の方(社長を退任した先代社長等)が保証債務の履行をした場合の特例適用についても同様と考えられます。

## 【注意点】

⑴　保証債務の履行のための資産の譲渡は、主たる債務の担保物件であったかどうかを問わず、主たる債務の弁済に充てるために自己の資産を譲渡したものであればよいとされています。

⑵　主たる債務に関する利息、違約金、損害賠償金等はすべて主たる債務に含まれます。

⑶　保証債務の履行を借入金で行い、その借入金を返済するために資産を譲渡した場合にも、保証債務履行日からおおむね1年以内に資産の譲渡がなされているとき等には、この規定を適用することができます。

### 所得税の申告後、求償権が行使不能になった場合

保証債務の特例を適用せず申告し、申告後、求償権が行使不能になったときは、行使不能となった日の翌日から2か月以内に、更正の請求をすることができ、税金の還付が受けられます。

### 会社での課税関係

会社では、社長が求償権（会社にとっては債務）を放棄した場合、原則的にその債務免除益は法人税の計算の上で利益に計上されます。

ただし、債務免除益が会社のその事業年度の赤字より少ない場合や繰越欠損金の範囲内であれば基本的に法人税はかかりません。

# 73 保証債務の履行のため社長が会社に代わって借入金を返済したときの課税は？

私は、自分の会社が銀行借入れをする際に、債務保証をしています。今後、会社が借入金の返済ができなくなったときに、私が会社に代わって借入金を返済すると、何か問題があるでしょうか。

**A** 社長が会社に代わって借入金を返済した場合の課税関係は、次のとおりです。

### 保証債務の履行と課税関係

社長が会社の借入金について保証を行った場合、会社が債務の履行（借入金の返済）を行わなかったときには、社長は会社に代わって債務の履行をしなければなりません。

その履行をすれば、社長は、会社（主たる債務者）に対して求償権（会社に対して、社長が肩代わりした返済金を請求する権利）を有することになります。

会社としては、債権者が銀行等から社長に移ることになったと同様です。

いずれにしても、社長も会社も所得に変動がありませんので課税関係は生じません。

### 利息の受領と課税について

(1) 社長が会社から求償権についての利息を受領した場合

については、雑所得の対象になり所得税がかかります。

(2)　会社としては、支払った利息は必要経費（損金）に計上されます。

（注1）　会社に利息を支払う資力がなく、利息が支払われなかったとしても、社長にその利息の収入があったものとして課税されるようなことはありません。

（注2）　社長が会社に対する求償権（会社にとっては債務）を放棄した場合、原則的にその債務免除益は法人税の計算の上で利益に計上されます。

　　　　　ただし、債務免除益が会社のその事業年度の赤字より少ない場合や繰越欠損金の範囲内であれば、基本的に法人税はかかりません。

# 74 会社に対する求償権の行使不能とは？

**Q** 私は、自分が代表取締役を務めるX社に代わっ
て銀行からの借入金を返済しました（X社が銀
行から借入をする際、私は保証人となっておりまし
た）。その際、返済資金をねん出するために自己所有
の土地を処分しましたが、保証債務の特例を適用する
場合、会社に対する求償権が行使不能であるといった
条件があるようですが、どのように判断すればよいの
でしょうか。私としては、X社の解散は考えておらず、
私がX社に対する求償権を放棄することで、事業を続
けて行ければと思っています。

**A** 求償権を放棄（債務免除）することによっても、な
お、X社が債務超過の状況であること等、一定の条
件を満たせば解散しない場合でも保証債務の特例が適用で
きるものと考えられます。

　以下に、国税庁から公表されている内容（照会回答）を
記載しますので参考としてください（保証債務の特定にお
ける求償権の行使不能に係る税務上の取扱いについて・平
14課資3―14他）。

## 求償権行使の能否判定の考え方

　主たる債務者である法人の代表者等が、その総陣の債務

197

に係る褒章債務を履行した場合において、所得税法第64条第2項におけるその代表者等の求償権行使の能否判定等は、次によります。

1　求償建行使の能否判定は、他のケースと同様、所得税基本通達51―11に準じて判定します（所得税基本通達64―1）。このうち同通達51―11(4)については、その法人がその求償建の放棄後も存続し、経営を継続している場合でも、次のすべての状況に該当すると認められるときは、その求償建は行使不能と判定されます。

①　その代表者等の求償権は、代表者等と金融機関等他の債権者との関係からみて、他の債権者の有する債権と同列に扱うことが困難である等の事情により、放棄せざるを得ない状況にあったと認められること。

　これは、法人の代表者等としての立場にかんがみれば、代表者等は、他の債権者との関係で求償権の放棄を求められることとなりますが、法人を存続させるためにこれに応じるのは、経済的合理性を有する、との考え方に基づくものです。

②　その法人は、求償権を放棄（債務免除）することによっても、なお債務超過の状況にあること。

　これは、求償権の行使ができないと認められる場合の判定に際しての考え方です。

　なお、その求償権放棄の後において、売上高の増加、債務額の減少等があった場合でも、この判定には影響しないことになります。

2 その法人が債務超過かどうかの判定に当たっては、土地等及び上場株式等の評価は時価ベースにより行います。

なお、この債務超過には、短期間で相当の債権を負ったような場合も含まれます。

# 75 会社への貸付金を資本金に振り替える？

**Q** 私は会社に対し10年ぐらい前から何度も貸付けを行い、現在、相当な金額となっています。会社の経営状況は赤字が続いております。この貸付金は会社からの返済を受けられる可能性が低く、今後、このままで良いのか迷っております。聞くところによりますと、私の貸付金（会社にとっては借入金）を資本金にする方法があるようですが、どのようのことなのでしょうか。

**A** ご相談の内容は、DES（Debt Equity Swap）と呼ばれるもので債務と資本の交換の意味です。一般的には、債権（ご相談のケースでは貸付金）を会社に現物出資することにより行われます。

### DESの効果

(1) DESを行う会社は通常は経営状況、財政状態が悪いものと思われます。そのため、DESを行うことで財政状態を改善することが可能となります。(注)

(注) 会社が社長からの多くの借入をしている場合、一般的に銀行等の外部からの評価がマイナスになると思われます。

(2) 将来社長に相続が発生した場合、貸付金は基本的にそ

のままの金額で評価され相続税の対象となりますが、DESを行った場合は、会社の財政状態を反映した株式の評価となります。

## DESの留意点

DESを行った場合、種々の課税関係が生じるケースがありますので、実行の際は専門家にご相談されることをお勧めします。

また、資本金が増加することで法人住民税の均等割りが増加する可能性がありますのでご留意ください（減資により対応できない場合があります）。

### 参考 債権放棄（債務免除）

会社から貸付金の回収が難しいような場合、その貸付金を放棄する（債務免除）ことが考えられます。会社については、免除された金額が受増益となりますが、会社が赤字の状況であれば、法人税も掛らない（又は少ない）かもしれません（累積した欠損金を利用）。

また、将来の社長の相続を考慮すれば、社長が債務免除することが望まれます。相続人が債務免除した場合は、社長の貸付金はそのまま相続財産となり相続税の対象となります。

なお、債務免除についての同族会社の行為計算の否認の可能性については、Q80を参照してください。

# 76 親会社から赤字子会社へ支援しても課税になる？

**Q** 私は会社の社長をしておりますが、当社のグループ会社の中に、赤字の子会社（長男が社長）があります。この子会社の経営状況は厳しく、赤字が続いています。

個人的な資財提供についてはQ73で教えて頂きましたが、今後は親会社から資金の援助を行いたいと思っています。

この場合、税務上どのようになるのでしょうか。

**A** 子会社に対する資金の援助は、原則として寄付金となります。寄付金には会社の法人税の計算の上で、必要経費（損金）に計上できる限度があり、寄付金の一部が必要経費（損金）ならない場合があります。

業績不振の子会社に対し、親会社で支援を行う場合、その支援が税務上の寄付金に該当するかどうかによって、支援できる金額に大きな影響が出ます。

## 寄付金とされる場合の必要経費（損金）計上限度

一般法人の寄付金の必要経費（損金）計上限度の計算は、次のように計算します。

｛(所得金額×2.5％＋（期末資本金等の額)×0.25％)｝÷4

**参考** グループ法人税制

　親会社から100％子会社に資金を提供した場合、提供した親会社においては全額が必要経費にならない（損金不算入）かわりに、受け入れた子会社においては、全額が利益になりません（益金不算入）。

## 子会社等への支援が寄付金とならない場合

　寄付金とは、金銭その他の資産または経済的利益の贈与または無償の供与を意味します。

　ただし、つぎのような場合は、寄付金には該当しません。そのため、全額が必要経費（損金）になります。

① 業績不振の子会社等の倒産を防止するために、合理的な再建計画に基づき、緊急に行う資金の貸付けの場合のように、その利率を無利息または低い利率とすることに相当の理由があると認められる場合

② 子会社等の解散、経営権等の譲渡に伴い、その子会社に対する債権を放棄したような場合で、放棄しなければ今後、より大きな損失を被ることになることが明らかな場合等、放棄等について相当の理由があると認められる場合

　上記のとおり、子会社の経営状況により結論が変わりますので慎重に判断されることをお勧めします。

# 同族会社の
# 行為計算否認関係

## 77 同族会社の行為計算否認ってどういうこと？

**Q** 私は同族会社の社長をしておりますが、先日、同業者から、税務調査等で「同族会社の行為計算の否認」の規定に該当するかどうかが問題になるとの話を聞きました。

内容的には複雑そうですが、その概略を教えてください。

**A** いわゆる租税回避や、税金の不当な減少を防止するため、所得税法、法人税法等には、「同族会社の行為計算の否認」の規定を置いています。

これは、基本的には、恣意的な経理処理を行いやすいとされる同族会社を対象とし、会社が行った行為又は計算をそのまま認めてしまうと、税負担を不当に減少させることになる場合には、税務署がその会社の行為、計算を否認して所得金額等を決めることができるというものです。

### 同族会社の行為計算の否認の条件

#### (1) 同族会社の行為または計算であること

例えば、社長所有の建物を不当に高額で会社が購入した場合、この不当に高額の買入れは「会社の行為」に該当し、その買入価額を基礎に減価償却を行うことは「会社の計算」に該当します。

## ⑵　税負担を不当に減少させること

　この場合、税負担を免れる目的であったかどうかは問題ではなく、「不当に減少させる」結果となるかどうかが問題です。

＊上記2つの条件のどちらにも該当する場合に、この規定が適用されます。

　この規定は、本来、同族会社をほかの会社に比較して不利に扱うためのものではなく、非同族会社との税負担の公平を図るために設けられたものです。

## 78 税負担を不当に減少させるとは？

**Q** 同族会社の行為計算の否認が適用になる条件として、「税負担を不当に減少させる」といったことがあるようですが、どのような場合が「不当に」になるのでしょうか。

**A** 「不当に」の内容については、特に法律上の規定は置かれていませんが、過去の判例では次の2つで説明されきました。

① 非同族会社基準説（非同族会社では通常なしえないような行為・計算、すなわち同族会社なるが故に容易になし得る行為・計算がこれに当たる）

② 純経済人説（純経済人の行為として不合理・不自然な行為・計算がこれに当たる）

なお、平成27年3月25日東京高裁の判決では、次のように判断されましたので参考にしてください。

**（判決）**

「同項（法人税法132条1項）が同族会社と非同族会社の間の税負担の公平を維持する趣旨であることに鑑みれば、当該行為又は計算が、純粋経済人として不合理、不自然なもの、すなわち、経済合理性を欠く場合には、独立かつ対等で相互に特殊関係のない当事者間で通常行われる取引

（独立当事者間の通常の取引）と異なっている場合を含む
ものと解するのが相当であり、このような取引に当るかに
どうかについては、個別具体的な事案に即した検討を要す
るものというべきである。

**（納税者の主張）**

　税負担を不当に減少させるとは、納税者の行為又は計算
が異常ないし変則的であり、かつ、租税回避以外に正当な
理由ないし事業目的が存在しない場合である。

　判決内容と納税者の主張を合わせてみると、納税者の行
為又は計算が異常ないし変則的であり、かつ、租税回避以
外に正当な理由ないし事業目的が存在しない場合はもとよ
り、経済合理性を欠くことを前提として、独立当事者間の
通常の取引と異なっている場合も同族会社の行為計算の否
認の規定が適用されることになると思われます。

## 79 同族会社の行為計算否認の例は？

**Q** 私は同族会社の社長をしておりますが、どのようなケースで「同族会社の行為計算の否認」の規定が適用になるのか例をあげて説明してください。

**A** 同族会社の行為計算の否認の具体例には、次のようなものがあります。

同族会社の行為計算の否認の具体例

(1) 会社間で資金の貸付け（無利息）をして、通常の金融取引上の利息を未収利息として利益（益金）に計上し、その後の事業年度で貸倒損失として必要経費（損金）に計上したケース……貸倒損失処理を否認

(2) 債務超過である子会社の増資に際し、親会社が高額で引き受け、その後子会社株式を関係会社に売却し、売却損を計上した。……売却損を否認

(3) 大学に在学中の社長の子供に従業員給与を支払ったケース……社長に対する報酬、賞与と認定

(4) 社長が会社に自己の所有する不動産（テナントビル等）の管理業務を依頼し、高額な不動産管理料を支払い、自己の不動産所得を圧縮したケース……高額な不動産管理料を否認

## 80 同族会社の行為計算否認とならない例 （社長が会社の債務を免除）

 私は同族会社の社長をしておりますが、会社に対して貸付金を有しています。会社の経営状況もあまり良くないことから、その貸付金の返済を免除しようと思っています。

　このような場合にも「同族会社の行為計算の否認」の規定は適用になるのでしょうか。

**A** 債務の免除は、社長の単独行為ですので、同族会社の行為計算の否認の規定は適用されません。

### 債務免除と同族会社の行為計算の否認規定の関係

　同族会社の行為計算の否認の規定は、Q77でもご説明しましたとおり、「同族会社の行為または計算」であることが必要です。

　ここで、社長の行為自体が「同族会社の行為」に当たるかどうかですが、税法そのものが同族会社とその役員等の個人とを明確に別個のものとしている以上、社長の行為と「同族会社の行為」とを同一視することはできないと考えられます。

　そうすると、債務免除は社長の単独行為となりますので、同族会社の行為計算の否認の規定は適用されないことになります。

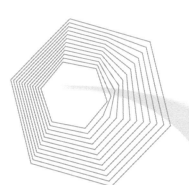

# 社長から後継者への
# 事業承継対策（共通）

## 81 自社株の承継対策の基本は？

**Q** 私は、同族会社の創業者ですが、子供への事業
承継を考えております。差し当たっての対策と
して私の所有している株式を徐々に子供に移していき
たいと思っていますが、その基本的な考え方を教えて
ください。

**A** 同族会社の事業承継対策は、大きく分けると後継者
への経営の引継ぎ（後継者の育成）と経営支配権の
引継ぎ（自社株の承継）をできるだけスムーズに行うこと
を目的としています。

事業承継対策 ── → 経営の引継ぎ（後継者の育成）
　　　　　　　 └→ 経営支配権の引継ぎ（自社株の承継）

ここで経営支配権の引継ぎ（自社株の承継）についての
考え方を順に整理すると、次のようになります。

**自社株承継の考え方**

現状分析 …………株主構成の確認、株価算定、相続税の
　　⇓　　　　　　　試算
問題点の把握 ……株価が高額、相続税が高額、名義株主
　　⇓　　　　　　　等の存在

各種対策の検討
及び対策の実行

　…株価の引下げ（会社の維持、発展との
　　バランス考慮）

　…株式の移転（贈与、譲渡、場合によっ
　　ては相続）

　…名義株等の解消、相続（税）対策

対策効果の確認及び
継続的な見直し

## 生前自社株承継を行うかどうかの判断

　生前の自社株の承継のしかたとしては、贈与、譲渡等が考えられますが、それにはコスト（税負担等）が伴います。もちろん相続で承継したとしてもコストがかかりますが、それらのコストの比較をする必要があります。

　また、コストとは別に将来相続が発生した場合に自社株を含めた遺産分割がもめる可能性があるため、生前に後継者に移転する必要がある場合や、その他の理由（後継者に早めに自覚を持って欲しい等）で生前に移転する判断をすることも考えられます。

　上記の内容を図で示すと、次のようになります。

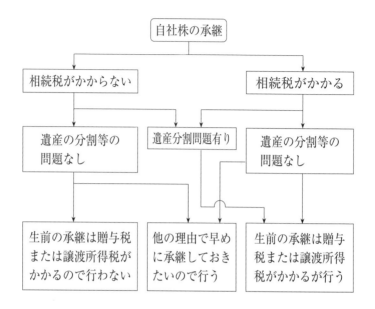

　いずれにしても自社株の株価が問題となり、その価額が低いほど税負担も少なくなり、承継しやすくなります。

　自社株式評価の引下げ

　同族株主の自社株式は、原則的評価方式である類似業種比準価額方式と純資産価額方式により評価されます。

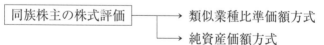

⑴　類似業種比準価額方式は、上場会社の類似業種の株価と比較することによって株価を計算する方式で、配当、利益、純資産の額を基に計算します。したがって、次のような会社は株価が高くなります。

① 毎年多額の配当をしている会社

② 毎年多額の利益を計上している会社

③ 過去の蓄積利益（純資産価額）が大きい会社

　そこで、類似業種比準価額は、評価額の算定要素になる「配当」、「利益」、「純資産」をどのようにして低く抑えるかがポイントになります。

**【類似業種比準価額の計算式】**

$$\boxed{\begin{array}{c}1\text{株の}\\\text{評価額}\end{array}} = A \times \dfrac{\left(\dfrac{ⓑ}{B} + \dfrac{ⓒ}{C} \times 3 + \dfrac{ⓓ}{D}\right)}{3} \times (0.7,\ 0.6,\ 0.5)$$

| | |
|---|---|
| 大会社 | 0.7 |
| 中会社 | 0.6 |
| 小会社 | 0.5 |

A…類似業種の株価

B…類似業種の1株当たりの配当金額

C…類似業種の1株当たりの年利益金額

D…類似業種の1株当たりの純資産価額（帳簿価額）

ⓑ…評価会社の1株当たりの配当金額

ⓒ…評価会社の1株当たりの年利益金額

ⓓ…評価会社の1株当たりの純資産価額（帳簿価額）

(2) 純資産価額方式は、相続税評価額に置き直したところの会社の純資産（資産－負債）を基に計算します。したがって土地、借地権等の含み利益の大きい会社ほど高い

評価額が算出されます。

　そこで、評価会社の純資産が下がるケースを検討し実行することがポイントとなります。

## 【純資産価額の計算式】

$$\boxed{1\text{株の評価額}} = \frac{\begin{matrix}会社資産合計額\\(相続税評価額)\end{matrix} - 負債 - \begin{matrix}*評価差額に対する\\法人税等相当額\end{matrix}}{会社の発行済株式総数}$$

$$\begin{matrix}*評価差額に対する\\法人税等相当額\end{matrix} \Rightarrow \left(\begin{matrix}相続税評価額に\\よる純資産価額\end{matrix} - \begin{matrix}会社の帳簿価額に\\よる純資産価額\end{matrix}\right) \times 37\%$$

資産－負債　　　　　資産－負債

### 自社株の移転のタイミング

　自社株の評価額が下がってもその状態を長期間維持しておくことは困難な場合が予想されます。

　相続はいつ発生するか予測できないことを考慮すると、評価が下がってから株式の移転、分散まで計画的に行ってこそ意味（効果）があります。

### その他の注意点

### (1)　相続税の納税資金について

　生前に株価対策（引下げ）や後継者への一部移転を行っても、相続が発生した場合になお高額な相続税がかかる場合もあります。

　そのような場合は、合わせて納税資金の準備も必要に

なってきます。一般的には生命保険を利用するケースが多いのですが、詳しくはQ125を参照してください。

## (2) 株価対策と会社経営について

株価対策を行う上で、注意しなければならない重要なことは、常に会社経営に及ぼす影響を考慮に入れながら行うということです。

節税対策としては効果があっても、その結果が会社経営に重大な支障を与えるようでは意味がなくなってしまいます。

## (3) 事業承継は社長が率先

事業承継は社長が率先しないと、後継者への経営の引継ぎにしろ自社株の承継にしろうまくいきません。事業承継を一番うまく遂行することができるのは社長以外にはあり得ません。

## 82 後継者が支配権を確保するための対策は？

**Q** 私は同族会社の社長で、全ての株を所有しています。今後、この株式を私の子供たちに徐々に移して行こうと考えていますが、後継者の支配権（経営権）を確保する必要な対策について教えてください。

**A** 現在社長である貴方が、後継者を決めているのであれば、後継者の将来の経営者としての立場を支配権の面からも考える必要があると思います。

したがって、理想的に考えるなら、株主総会の場で、会社法の特別決議事項に該当する会社の重要な決定事項の決議を採択できるよう、発行済株式総数（全議決権数）の3分の2以上を後継者に集中するよう株式の移転を行っていくことをお勧めします。最低でも過半数は確保すべきでしょう。

なお、会社法上の特別決議は、発行済株式総数（全議決権数）の過半数を持つ株主が出席し、その3分の2以上の賛成が必要とされる決議で、例えば次のような事項が対象になります。

① 定款変更
② 取締役、監査役の解任
③ 減資、合併、解散、分割
④ 第三者に対する新株の有利発行

**参考**

**遺言書の活用**

　ご長男を後継者としながら、ご長男への生前の自社株移転がうまくなされず、相続の際に直接会社の経営に関係しない他のご兄弟がかなりの自社株を承継したため、その後、自社株の買取請求を受けて、ご長男が困るようなケースもあります。

　このような場合、生前に遺言書を作成し、自社株はご長男が相続するものとしておけば、かなりの効果があるものと思います。

　なお、信託を利用し株式を承継することも考えられますが、詳しくはQ105、106を参照してください。

## 83 自社株の承継対策はどのような手順で検討すればいい？

 私は同族会社の社長をしておりますが、自社株の承継対策はどのような順序で行うのが良いでしょうか。

**A** 自社株の承継対策は、次のような手順で検討すれば良いかと思います。

検討手順

(1) 現状の株価を算定し、株価が高額になるような場合は、その原因分析を行います。

評価する会社の規模の区分（大会社・中会社・小会社）と評価方法の区分（類似業種比準価額方式・純資産価額方式・併用方式・配当還元方式）を判定します。

(2) 評価した会社が大会社に該当する場合には、100％類似業種比準での評価となるため、「配当」「利益」「純資産」の3要素の引下げを図り、合わせて株価引下げ後に贈与、譲渡による後継者等への移転を行います。

＊純資産価額方式で計算した評価額の方が低い場合は、その評価額になります。

(3) 評価した会社が、大会社に該当しない場合には、類似業種比準価額と純資産価額との併用方式となるため、類似業種比準価額の引下げと同時に、純資産価額（資産

－負債）の引下対策も併せて実行することになります。

そして⑵と同様、後継者等に移転を行います。

㊟ 株式の評価方法の詳細は、Q84を参照してください。

【自社株の承継対策の検討手順】

| 評価する会社の規模別の区分（大、中、小）を判定する |

⇩　　　　　　※Q84を参照してください。

| 現状の株価を算定し、高額であればその原因を分析する |

| 評価方法が類似業種比準価額方式の場合 | 評価方法が純資産価額方式の場合 |

《対策》
①配当金　②利益　③純資産（簿価純資産）
上記①から③を引き下げることが可能かどうかを検討、実行

《対策》
①退職金の支払　②不動産の購入　③保険への加入
④会計処理の見直し

⇩　　　　　　　　⇩

| 相続、贈与、譲渡所得の課税率を考慮しつつ株式の移転方法を検討、実行 |

# 84 非上場の会社の株式の評価について

 私は同族会社の社長ですが、事業承継を考えているところです。

　今回、自分の会社の株価を計算してみようと思っているのですが、聞くところによりますと株式を取得する者や、会社の規模の違いによって評価のしかたが違うということのようですが、内容を教えてください。

**A** 取引相場のない株式の評価は非常に複雑ですが、初めにその概略についてご説明し、その後に具体的な内容のご説明をすることにします。

　非上場の株式の評価のポイントは、株主の地位と会社の規模の2つです。

### 株主の地位による評価の違い

　株主が社長や社長の親族の場合、一般に持ち株数も多く、当然会社に対する支配権も大きいわけですから、その他の株主に比べて株式の評価は高めになります（原則的評価方式といいます）。

　一方、その他の株主は会社に対する支配権がないため、もっぱら配当金を受け取ることの期待のみとなりますので株式の評価は低めになります（配当還元方式といいます）。

## 会社の規模による評価の違い

　会社に対して支配権を持つ株主の株式を原則的評価方式で評価する場合に、会社によっては非上場でも上場会社に近いものから個人商店に近いものまでさまざまなものがあります。

　そこで、上場会社に近いものについては会社の配当金額、利益金額、純資産価額を同業種の上場会社の平均と比較して上場会社に準じて評価します（類似業種比準価額方式といいます）。

　一方、個人商店に近いものについては会社の純資産（資産－負債）価額を基に評価します（純資産価額方式といいます）。なお、上場会社と個人商店の中間にあるような会社は、類似業種比準価額方式と純資産価額方式を併用して評価します（併用方式といいます）。

### 株式評価の概要

（注１）　会社規模大は大会社、中は中会社、小は小会社をいい

ます。中会社はその規模に応じてさらに3つの評価方法
に分かれます。

（注2）　小会社は純資産価額方式で計算するのが原則ですが、
　　　　類似業種比準価額方式と純資産価額方式とを50％ずつ使
　　　　用して計算することもできます。

　次の図で貴方の会社の状況を判定してみてください。

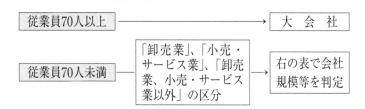

具体的な会社規模の判定

従業員70人以上 ──────────────→ 大　会　社

従業員70人未満 ── 「卸売業」、「小売・サービス業」、「卸売業、小売・サービス業以外」の区分 ── 右の表で会社規模等を判定

㊟　従業員数には役員数は含まれません。

非上場株式評価の
ポイント
・株主の地位による
　　評価の違い
・会社の規模による
　　評価の違い

| ① 卸売業 | | ② 小売・サービス業 | | ③ ①及び②以外の業種 | | | 会社規模(Lの割合) |
|---|---|---|---|---|---|---|---|
| 取引金額 | 総資産価額及び従業員数 | 取引金額 | 総資産価額及び従業員数 | 取引金額 | 総資産価額及び従業員数 | | |
| 30億円以上 | 20億円以上かつ35人超 | 20億円以上 | 15億円以上かつ35人超 | 15億円以上 | 15億円以上かつ35人超 | … | 大会社 |
| 7億円以上30億円未満 | 4億円以上かつ35人超 | 5億円以上20億円未満 | 5億円以上かつ35人超 | 4億円以上15億円未満 | 5億円以上かつ35人超 | … | 中会社(0.9) |
| 3.5億円以上7億円未満 | 2億円以上かつ20人超 | 2.5億円以上5億円未満 | 2.5億円以上かつ20人超 | 2億円以上4億円未満 | 2.5億円以上かつ20人超 | … | 中会社(0.75) |
| 2億円以上3.5億円未満 | 7,000万円以上かつ5人超 | 6,000万円以上2.5億円未満※ | 4,000万円以上かつ5人超※ | 8,000万円以上2億円未満 | 5,000万円以上かつ5人超 | … | 中会社(0.60)※ |
| 2億円未満 | 7,000万円未満または5人以下 | 6,000万円未満 | 4,000万円未満または5人以下 | 8,000万円未満 | 5,000万円未満または5人以下 | … | 小会社 |

※ 例えば小売・サービス業で売上2億円、純資産価額7,000万円、従業員数10名とすると、中会社（0.6）に該当します。

取引金額に対するLの割合と総資産価額及び従業員数に対応するLの割合が違う場合は、Lの割合の大きい方が該当します。

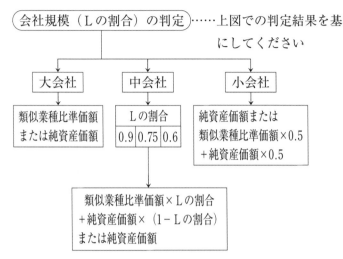

（注）　Lの割合とは、中会社の評価をする上で、類似業種比準価額（大会社の評価方法）を使用するウェイトを意味しています。そのため、中会社でも規模が大きいほどLの割合が高くなっています。

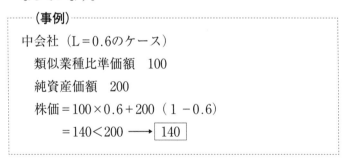

## 株式の評価方法

### 《類似業種比準価額の計算》

$$\boxed{\begin{array}{c}1株の\\評価額\end{array}} = A \times \frac{\left(\dfrac{ⓑ}{B} + \dfrac{ⓒ}{C} \times 3 + \dfrac{ⓓ}{D}\right)}{3} \times (0.7,\ 0.6,\ 0.5)$$

| 大会社 | 0.7 |
|---|---|
| 中会社 | 0.6 |
| 小会社 | 0.5 |

A…類似業種の株価

B…類似業種1株当たりの配当金額

C…類似業種1株当たりの年利益金額

D…類似業種1株当たりの純資産価額（帳簿価額）

ⓑ…評価会社の1株当たりの配当金額

ⓒ…評価会社の1株当たりの年利益金額

ⓓ…評価会社の1株当たりの純資産価額（帳簿価額）

### 《純資産価額の計算》

$$\boxed{1株の評価額} = \frac{\begin{array}{c}会社資産合計額\\（相続税評価額）\end{array} - 負債 - \begin{array}{c}*評価差額に対する\\法人税等相当額\end{array}}{会社の発行済株式総数}$$

$$*\begin{array}{c}評価差額に対する\\法人税等相当額\end{array} \Rightarrow \left(\begin{array}{c}相続税評価額に\\よる\underline{純資産価額}\end{array} - \begin{array}{c}会社の帳簿価額に\\よる\underline{純資産価額}\end{array}\right) \times 37\%$$

資産－負債　　　資産－負債

229

---

**（事例）**

会社資産合計額 1 億円（帳簿価額）

会社負債合計額3,000万円（帳簿価額）

会社資産合計額 1 億5,000万円（相続税評価額）←------┐

会社負債合計額3,000万円（相続税評価額）

発行済株式総数10,000株

> 帳簿価額との差は土地を相続税評価額で評
> 価したことによって含み益が出たため等

$$\boxed{\begin{array}{c}1 株\\の評\\価額\end{array}} = \frac{1 億5,000万円 - 3,000万円 - 1,850万円}{10,000株} = \boxed{10,150円}$$

\* 評価差額に
対する法人 ＝（1 億2,000万円 - 7,000万円）× 37% ＝ 1,850万円
税等相当額

---

## 《配当還元方式》

$$\boxed{\begin{array}{c}1 株の\\評価額\end{array}} = \frac{株式の年配当金額}{10\%} \times \frac{1 株当たりの資本金等の額}{50円}$$

（注 1 ）　株式の年配当金額は、直前期末以前 2 年間の平均配当
金額を50円換算の株式数（資本金等÷50円）で割って算
定します。

（注 2 ）　年配当金額が 2 円50銭未満の場合には、 2 円50銭とし
ます。

---

**（事例）**

資本金等の額　5,000万円

発行済株式総数　100,000株

１株当たりの資本金等の額　500円

株式の過去２年間の平均配当金額　1,000万円

株式の年配当金額は10円⇦1,000万円÷$\left(\dfrac{5,000万円}{50円}\right)$

↑
50円換算の株式数
（100万株）

$\boxed{\begin{array}{c}1株の\\評価額\end{array}} = \dfrac{10円}{10\%} \times \dfrac{500円}{50円} = \boxed{1,000円}$

## 類似業種比準価額＜純資産価額の場合の対策

　純資産価額方式よりも類似業種比準価額方式による評価額のほうが低い場合には、会社規模の大きい会社ほど１株当たりの評価額が低くなります。このことは、株式評価上の会社区分を大会社に移行させることにより株価の引下げが可能ということを示しています。

### 《大会社へ移行できるかどうかの判断》

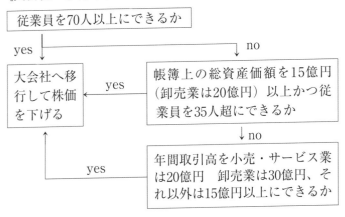

従業員を70人以上にできるか

yes ↓　　　　　no

大会社へ移行して株価を下げる

←yes　帳簿上の総資産価額を15億円（卸売業は20億円）以上かつ従業員を35人超にできるか

↓ no

yes　年間取引高を小売・サービス業は20億円　卸売業は30億円、それ以外は15億円以上にできるか

このように、会社規模を移行するためには、次のことが必要です。

　①　従業員数を増やす

　②　帳簿上の総資産価額を増やす

　③　年間取引高を増やす

【注意点】

　従業員数、会社の総資産価額、年間の取引高等は、単に株価対策のみで行えるものではありません。当初は、現状を確認し、会社の事業内容に沿ったところで、目標ととらえた方がよいでしょう。

# 85 会社の評価を類似業種比準価額で行う場合の株価対策は？

**Q** 私の会社は評価の規模の区分によると大会社に該当し、類似業種比準価額方式によって評価されるようです。このような場合、株価を引き下げるための基本的な考え方を教えてください。

**A** 配当金額、利益金額、純資産価額が多い会社ほど類似業種比準価額が高く算出されます。

　したがって、この類似業種比準価額を引き下げるためには、比準要素となる評価会社の1株当たりの「配当金額」、「利益金額」、「純資産価額」を引き下げる必要があります。

　なお、引下げの効果があった時点で、贈与、譲渡等による後継者等への移転も併せて行うことが重要です。

### 株価の引下方法

⑴　**配当金額の引下げ**……特別配当、記念配当の実施

　1株当たりの配当金額は、評価会社の直前期末以前2年間の年平均配当金額を、直前期末における発行済株式総数（50円換算）で割って計算します。

$$\boxed{\begin{array}{c}1株当たり\\の配当金額\end{array}} = \frac{\begin{array}{c}直前期末の\\配当金額\end{array} + \begin{array}{c}直前々期末の\\年配当金額\end{array}}{2}$$

　ここで、1株当たりの年配当金額の計算は非経常的な配

当を控除して行うルールになっていますので、配当が行われている場合、経常的な配当に代えて何周年記念配当、本社社屋完成記念配当等の非経常的な配当が行われたような時期に合わせて、株式の移転を行うのも一つの方法です。

(2) 利益金額の引下げ

1株当たりの利益金額の引下げには、次のような方法が考えられます。

① 高収益部門の分離

高収益部門を分離することで評価会社の利益を低く抑える方法です。具体的には会社を分割して高収益部門を子会社とする方法と、別会社を設立し高収益部門の営業を別会社に移す方法が考えられます。

② 役員退職金の支払

1株当たりの利益金額は、評価会社の直前期末以前1年間の利益金額と、直前期末以前2年間の利益金額の平均額とのいずれか低い金額を基として算定されます。

$\boxed{1 \text{株当たりの利益金額}} = (\text{i}) と (\text{ii}) の小さい方$

$(\text{i}) = 直前期末以前1年間の利益金額$

$(\text{ii}) = \dfrac{直前期末以前1年間の利益金額 + 直前々期末以前1年間の利益金額}{2}$

ここで、毎期の利益金額がほとんど変動しない会社の場合は、役員退職金を支払った次の事業年度内において株価を計算する場合（前期の利益金額を基にするため）1株当たりの利益金額が低く算定されます。そして、株価の引下

げの効果があった時点で、贈与、譲渡等による後継者への
移転も併せて行うことがポイントです。

③　その他……会社処理の変更等

ⅰ　棚卸資産、有価証券の評価を低価法にする

ⅱ　不良資産の処分

ⅲ　不良債権の処理

ⅳ　役員賞与（利益の処分）に代えて税務上適正な範囲内
　　で役員報酬を増額する

ⅴ　戦略的な支出の拡大……将来の収益力向上のための先
　　行投資

　　・IT投資

　　・有能な従業員のための教育研修の充実など

　　・生命保険、損害保険等への加入

(3)　**純資産価額の引下げ**……会計処理の見直し、役員退職
　　金の支払、生命保険の加入、時価に比較し帳簿価額の大
　　きな不動産等の売却等

　　　　$\boxed{\text{１株当たりの純資産価額}}$ ＝直前期末の純資産価額

　役員退職金を支払った次の事業年度内において株価を計
算する場合（前期の利益金額を基にするため）１株当たり
の純資産価額が低く算定されます。


【注意点】

①　相続の発生時期は予想が困難なものです。そのため、
　　上記の株価引下対策の結果が、株式の次の代への承継に、
　　有効に結びつくように考えることが必要です。

② 会社の内部留保が多くなりすぎないように、定期的に
適正範囲内での積極的な配当をするのも一つの方法です。
③ 会社が契約者となり生命保険等に加入した場合、利益
が減少することのほか、死亡退職金等の準備や、それを
相続人に支払うことによる相続税の納税資金対策等にも
有効な場合があります。詳しくはQ125を参照してくだ
さい。

# 86 純資産価額の株価対策と問題点は？

**Q** 株式の評価方法の中で、私の会社は小会社に該当するようです。類似業種比準価額についてはQ85で分かりましたが、純資産価額引下げのための基本的な考え方を教えてください。

**A** 小会社の評価は、純資産価額方式か類似業種比準価額方式と純資産価額方式の併用方式のどちらか低い方を選択できます。

ここで、純資産価額を引き下げるためには、次のような対策が考えられます。

【純資産価額方式の株価計算】

$$1株の評価額 = \frac{\begin{pmatrix}会社資産合計額\\（相続税評価額）\end{pmatrix} - 負債 - \begin{pmatrix}*評価差額に対する\\法人税等相当額\end{pmatrix}}{会社の発行済株式総数}$$

$$\begin{matrix}*評価差額に対する\\法人税等相当額\end{matrix} \Rightarrow \left(\begin{matrix}相続税評価額に\\よる\underline{純資産価額}\\\uparrow\\資産 - 負債\end{matrix} - \begin{matrix}会社の帳簿価額に\\よる\underline{純資産価額}\\\uparrow\\資産 - 負債\end{matrix}\right) \times 37\%$$

## 純資産価額の引下策

(1) **不動産の購入**

古くから土地、借地権等の資産を所有していることによ

り、それらの資産に含み益が生じていたり、内部留保が大きい会社の株価は、純資産価額方式により評価するとその含み益が株価に反映され評価額が高く算定されます。

　純資産価額方式による評価額を引き下げるために、一般的には不動産を購入することがよくあります。


**(事例)**

○　会社内容（現状）

　(1)　帳簿価額

　　①　資産10億円　②　負債7億円　③　資本3億円

　　④　資本金1,000万円（発行株式総数は2万株）

　(2)　相続税評価額

　　①　資産20億円（土地等の含み益あり）

　　＊　帳簿価額に対し、含み益が10億円

　　②　負債の相続税評価額7億円（帳簿価額と同じ）

　(3)　1株当たり株価（純資産方式）：　46,500円

　　＊　純資産9.3億円÷20,000株（発行株式数）＝46,500円

　　　⇩

○　対策を実行（下記の不動産の購入）

　(1)　時価10億円（相続税評価額6億円）の不動産（建物）

　(2)　全額借入金（10億円）で取得

　(3)　対策後の1株当たり株価（純資産方式）：　33,900円

　　＊資産に加算される不動産の相続税評価額が6億円、一方、負債は10億円増加します。したがって、4億円（10億

円－6億円）分の純資産価額が減少します。結果として不動産取得後の純資産価額方式による評価額は1株当たり33,900円になります。

≪現在≫
（会社のB／S）

| 資　産 | 負債7億円 |
|---|---|
| 10億円 | 資本3億円 |

（相続税評価額）

| 資　産 | 負債7億円 |
|---|---|
| 10億円 | 3.7億円 |
| 土地の含み益10億円 | 純資産9.3億円 |

土地含み益に対応する法人税 ← 10億円×37%

≪建物取得≫

（帳簿価額）

| 取得価額10億円 | 借入金10億円 |
|---|---|

（相続税評価額）

| 相続税評価額6億円 | 借入金10億円 |
|---|---|

≪対策後≫
（会社のB／S）

| 資　産 | 負債17億円 |
|---|---|
| 20億円 | 資本3億円 |

（相続税評価額）

| 資　産 | 負債17億円 |
|---|---|
| 20億円 | 2.22億円 |
| 土地の含み益6億円 | 純資産6.78億円 |

土地含み益に対応する法人税 ← 6億円×37%

※土地含み益10億円－建物含み損4億円→

(2) その他

 (1) 以外の純資産価額の引下策等には、次のようなものがあります。

① 高収益部門の分離（子会社、新設会社等へ）

② 会計処理の見直し等

・棚卸資産、有価証券の評価（原価法→低価法）

・減価償却の方法（定額法→定率法）

・不良資産の処分

・不良債権の処理

③ 役員退職金の支払

## 【注意点】

(1) 収益性の低い不動産投資によって、会社の経営に悪影響を及ぼさないよう注意が必要です。また、会社の資金調達力、資金負担能力を考慮した意思決定をすることが重要です。

(2) 相続の発生時期は予想が困難なものです。そのため、上記の株価引下対策の結果と株式の次の代への承継が有効に結びつくよう考えることが必要です。具体的には、株価の引下効果があった時点で贈与、譲渡等により株式を後継者に移転するか、引下効果の存続する時間を考慮して相続まで待つか等の判断が必要になります。

(3) 過度な株価対策は、課税上の問題を生じさせる可能性がありますので、事前に検討することをお勧めします。

# 87 役員退職金の支給による株価への効果は？

**Q** 事業承継の一環として、私の所有する株式を後継者にスムーズに相続させるために、できるだけ株価を低くしておきたいと思います。聞くところによると、役員退職金の支払は、株価引下げに効果があるとのことですが、その内容を教えてください。

**A** 会社が役員退職金を支払う場合、基本的には法人税の計算上、必要経費（損金）に計上することができます。それによって株価を引き下げることができます。

しかし問題なのは、いつ、どれだけ支払うかということです。株価対策のためにだけ社長が引退するのも本末転倒ですので長期的な計画が必要になります。

### 退職金の支払と株価への影響

#### (1) 純資産価額の場合の自社株への影響

純資産価額方式（株価＝純資産÷株式数）による株価の計算においては、退職金支払は資産の減少となり、それだけ純資産価額が減額され、結果的に株価が引き下げられます。

これは生前退職であっても死亡退職であっても同じです。死亡退職の場合でも、相続開始後に確定した退職給与は、相続時における株価の計算に取り込むことができることに

なっているからです。

【退職金を支払った場合の純資産価額の異動】

（例）

会社資産額:10億円

会社負債　:7億円

会社純資産:3億円

発行株式数:2,000株

現在の純資産価額による株価：3億円÷2,000株＝ 15万円

（退職金1億円支払）

純資産3億円－退職金1億円

退職金1億円支払後の純資産価額による株価：2億円÷2,000株

＝ 10万円

## (2) 類似業種比準価額の場合の自社株への影響

　類似業種比準価額の計算上は、生前退職と死亡退職とでは、異なります。

① 生前退職の場合は、会社の法人税の計算上、必要経費（損金）に入りますから、類似業種比準価額の構成要素である会社の利益と純資産は減少し、結果的に株価は引き下げられます。

② 経営者が死亡退職の場合は、類似業種比準価額の計算要素がすべて課税時期の直前期末以前の数値を基にしているため、死亡後に支給する退職金を決定したとしても

類似業種比準価額には何ら影響を及ぼしません。

したがって、上記の内容からは、類似業種比準価額の面からみれば、生前退職の方が自社株対策を行いやすいと考えられるでしょう。

なお、株価の引下効果があった時点に合わせて、贈与、譲渡等により後継者等に株式の移転を行うことが重要です。

【退職金支払による株価引下効果】

| 評価方法 | 効　　果 |
|---|---|
| 純資産価額方式 | 生前退職…純資産の減少→株価低<br>死亡退職…純資産の減少→株価低 |
| 類似業種比準価額方式 | 生前退職…利益の減少 ──→株価低<br>　　　　　…純資産の減少→株価低 |
| | 死亡退職…影響なし ───→株価同 |

## 生前退職か死亡退職かの判断

同族会社の多くは社長の個人的な信用力に支えられているため、死亡退職に伴う突発的な経営者の交代は企業の存続に大きく影響します。これらの面からは、早い時期に後継者に経営を委ね、自らは後継者を支える立場に回ることも非常に重要なことです。

そのため、単に退職金に対する最終的な税負担だけを比較して結論を出すことはできないでしょう。

税負担から考えれば、死亡退職金には相続税の非課税枠

（500万円×法定相続人）等があり、死亡退職のほうが税負担としては有利になるかもしれません。

　しかし、後継者に対し自社株という支配権を円滑に移転する目的を考えると、社長の退職のしかたは慎重に考える必要があると思います。

# 88 賃貸建物を建てたときの自社株価額への影響は？

**Q** 私は同族会社の社長をしておりますが、事業承継を考えております。現在、会社の所有している土地の中に遊休地がありますが、この土地上に賃貸マンションを建てた場合、自社株の評価にはどのような影響があるのでしょうか。

**A** 株式を純資産価額で評価する上で、土地は貸家建付地として評価減されます。また、建物は固定資産税評価額から借家権割合を控除することができ、株価の引下効果があります。

ただし、取得後3年以内の土地、建物は、通常の取引価額（相続税評価額ではなく時価）で評価することになります。

### 株価引下げの効果

(1) 純資産価額方式は、資産を相続税評価額で評価・計算します。したがって、土地は公示価格の8割、建物は建築価額の6割程度と時価に比べて低くなっています。そのため、純資産価額が低くなる効果があります。

(2) 取得物件を賃貸すると、さらに貸家、貸家建付地の評価減ができます。

① 貸家の評価 ＝自社利用の建物の固定資産税評価額

×0.7

＊0.3（30％の減額）は借家人の権利割合と考えます。

② 貸家建付地 ＝土地の更地価額×（1－借地権割合
×0.3）

＊借地権割合×0.3は敷地に対する借家人の利用権割合と
考えます。

(3) 純資産価額の計算上、取得後3年以内の土地、建物は
通常の取引価額（帳簿価額が通常の取引価額であると認
められるときには帳簿価額）で評価することになります。

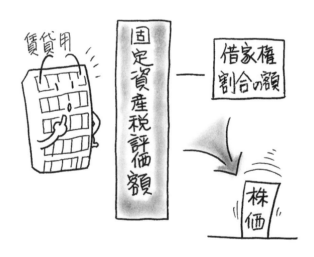

# 89 従業員持株会を作ることのメリットと留意点は？

**Q** 私は同族会社の社長で会社の株のほとんどを一人で所有しています。ところで、事業承継対策の一つに従業員持株会を作り、社長の株式を譲渡する方法があるそうですが、どのような内容なのでしょうか。教えてください。

**A** 相続財産のほとんどが同族会社の株式の場合、その換金性を考えると相続税の負担が非常に大変なことがあります。そこで、従業員持株会を組織し、経営権が維持できる範囲でオーナー（社長）の株式の一部を従業員が保有するようにすることも考えられます。それにより相続前に株式を現金化できますし、従業員へのインセンティブにもなり得ます。

### 従業員持株会の種類

(1) **直接参加型**

持株会として1つの組織になっておらず従業員が個々に株主になっているものです。

(2) **組合型**

組合として組織され、株式の名義人を持株会の理事長とするものです。

いずれの形態をとるにせよ株式の実質の所有者は従業員であり、配当についての帰属も各従業員となります。そのため、それらの所得税の申告は各従業員がそれぞれ行うことになります。

なお、従業員持株会の規約の整備も必要になります。

### 従業員持株会の効果

社長の持株を従業員持株会に売却すれば、換金性のない株式を相続前に現金化できます。この場合、従業員のような同族関係者以外に対しての売却であれば、売買価額は配当還元方式による価額とすることができます。

配当還元方式によれば、1割配当している会社の株式は通常、一株当たりの出資金額で評価されます。非上場の株式については、一般に、社長が会社設立当初から所有する株式を取得する際の払込金額（出資金額）を基に株式を売却すれば売却益は生じません。

そこで、1割以下の配当時に株式を売却することができれば、社長は譲渡所得課税を受けずに済みます。

### 参考

1　配当還元方式の株価計算

$$\boxed{1 株の評価額} = \frac{株式の年配当金額}{10\%} \times \frac{1株当たりの資本金等の額}{50円}$$

（注1）株式の年配当金額は、直前期末2年間の平均配当金額を50円換算の株式数（資本金等÷50円）で割って算定し

ます。

(注2) 年配当金額が2円50銭未満の場合には、2円50銭とします。

## 2 10%配当と株式評価額

資本金等の額：5,000万円

発行株式数：100,000株

1株当たりの出資金額：500円

株式の過去2年間の平均配当金額：500万円

株式の年配当金額は5円 ⇦ $500万円 \div \left( \dfrac{5,000万円}{50円} \right)$

$\uparrow$
50円換算の
株式数（100万株）

$1株の評価額 = \dfrac{5円}{10\%} \times \dfrac{500円}{50円} = \boxed{500円}$ …1株当たりの出資金額と同額

---

（従業員持株会への移転事例）

① 会社の発行株式数…10万株

② 社長の持株数……9万株

③ 株の純資産価額……1万円（社長の株価）

④ 配当還元価額……500円（従業員の株価）

従業員持株会へ社長の持株を2万株売却

譲渡価額＝500円×20,000株＝1,000万円

＊譲渡利益なし

《株式譲渡前後での財産比較》

株式譲渡前…1万円×9万株＝ $\boxed{9億円}$

株式譲渡後…1万円×7万株＋1,000万円＝ $\boxed{7億1,000万円}$

---

## 従業員持株会の留意点

　自社株が外部の第三者に移転することは回避する必要があ
りますので、株式について定款で譲渡制限（譲渡する場
合に取締役会の決議とすること）を付ける必要があります。

### 参考

**無議決権株式の発行**

　一般に会社が定款で、配当に関する優先権を認める代償
として議決権がない株式とすると定めた株式を発行するこ
とができ、この株式を無議決権株式といいますが、従業員
持株会の各従業員にはこの無議決権株式を保有してもらう
こともできます。

　これにより、オーナーの持株を分散しても会社支配権へ
の影響を抑えることが可能になります。

　また、以前は、無議決権株式でも、優先配当が行われな
いときは、議決権が復活することになりましたが、現在で
はそのような規定はありません。

　なお、無議決権株式について、どういう場合に議決権を
復活させるかを定款で自由に定めることができるように
なっています。

# 90 会社の事業の一部営業譲渡とその効果は？

**Q** 私は同族会社の社長をしておりますが、株価対策の一つとして、後継者等を株主とする会社へ事業を移すことが有効であるという話を聞きました。

そのようなことは有効なのでしょうか。その効果と留意点を説明してください。

**A** ご質問の会社の事業の移転の話は、会社の中で高収益の部分（部門）を別会社に移転（営業譲渡）し、現在の会社での利益の蓄積を避ける内容だと思います。

具体的には、後継者を主な株主とする会社を設立し、事業を新会社に移転します。現在の会社には利益のあまり出ない部分だけを残し、極力、高収益の部分を新会社に移すことによって、利益の蓄積を回避し、現在の会社の株価の上昇を抑え、また引き下げることも可能になると考えられます。

```
現在の会社のB／S            別会社（子が株主）
┌─ 資産A │ 負債D ┄┄┄┄┄┄┄┄→
│┄ 資産B │ 負債E ┄┄┄┄┐
│  資産C │ 資本        │      資本
└┄┄┄┄┄┄┄┄┄┄┄┄┄┄┘
```

【注意点】

土地や建物等を新会社に移転することとした場合、含み益を有しているようなときは、その含み益が表面化するた

め課税の問題があります㊟。そのような場合は、新会社は現在の会社から社屋等を賃借するのがよいでしょう。

㊟　グループ法人税制が適用される場合は課税が繰り延べられます。

**参考**

**類似業種比準価額方式による株価計算方法**

$$1株の評価額 = A \times \frac{\left( \dfrac{Ⓑ}{B} + \dfrac{Ⓒ}{C} \times 3 + \dfrac{Ⓓ}{D} \right)}{3} \times (0.7,\ 0.6,\ 0.5)$$

| 大会社 | 0.7 |
|---|---|
| 中会社 | 0.6 |
| 小会社 | 0.5 |

A…類似業種の株価

B…類似業種1株当たりの配当金額

C…類似業種1株当たりの年利益金額

D…類似業種1株当たりの純資産価額（帳簿価額）

Ⓑ…評価会社の1株当たりの配当金額

Ⓒ…評価会社の1株当たりの年利益金額

Ⓓ…評価会社の1株当たりの純資産価額（帳簿価額）

**営業譲渡のメリット**

(1)　新会社へ現在の会社の事業の全部または、一部を営業譲渡しますので、現在の会社については、株価計算上の<u>1株当たりの利益金額が少なくなり純資産価額の増加も</u>

スローダウンします。したがって、株価が下がり、また
上昇するにしても上昇は小幅となります。

　上記の類似業種比準価額方式による株価算定式を参照し
てください。

(2)　現在の株価が下がるので、後継者の株式購入資金の調
　　達が行いやすくなり、社長の株式の譲渡所得税も軽減し
　　ますので、社長から後継者等へ株式を移転しやすくなり
　　ます。

(3)　社長が株式を譲渡した場合、社長の財産は、株式から
　　現金、預金に変わりますので、相続税の納税資金の準備
　　になります。

(4)　社長の所有株式を新会社へ譲渡することも可能となり
　　ます。

## 営業譲渡の留意点

(1)　現在の会社から新会社へ営業譲渡することになります
　　ので、事業・商号の変更、取引先・従業員への説明等、
　　事前に様々な問題の解決が必要となります。

(2)　営業譲渡は、自社の１株当たり配当金や利益金を下げ
　　る効果がありますが、会社の業種の変更を伴う場合は業
　　種によって株価は下がらないこともありますし、反対に
　　上昇してしまうケースもあり得ます。

参考

## 1 後継者の不在と営業譲渡

自社株の株価対策とは別に、後継者が会社の事業を引き継がない場合、不動産を既存の会社に残した形で他者に営業譲渡をすることによって、既存の会社は不動産賃貸会社とします。それにより、現在の社長は安定的な賃料収入を得ることが可能となります。

## 2 営業譲渡と許認可

営業譲渡をした場合、許認可（の権利）は承継しませんので注意が必要です。許認可も承継させたい場合は、会社分割（Q103参照）を利用し、残したい事業を切り出して（その事業は続け）、元々の会社の株式を譲渡することも考えられます。

## 91 会社が増資をする際、同族関係者以外に株式を引き受けてもらうと株価対策になる？

**Q** 私は同族会社の社長をしておりますが、会社が増資する際、同族関係者以外の人に株式を引き受けてもらうと、自社株の株価引下げに役立つと聞きました。

また、そのときに発行価額が低過ぎると新株式の引受けをする人が課税されるとも聞きました。どのようなことなのか教えてください。

**A** 会社が増資をする際に同族関係者以外の者（社員等）が新株式を引き受けると株価対策になるのは、次の内容からです。

### 株価対策になる理由

(1) 同族関係者以外の者（社員等）が新株式を引き受ける場合（第三者割当増資）、その引受価額（株式の時価）はQ84でご説明しました配当還元方式による価額を適用することができます。

(2) これらの新株式の引受けがされると、株式発行数の増加に伴い、1株あたりの純資産が薄まるため株価も低下します（次の図をご覧になってください）。

(3) 株価が低下すれば、従来からの株主（同族関係者）の

株としての財産額も当然減少します。

次に、発行価額が低過ぎた場合の新株式の引受けをする者の課税は、次のとおりです。

### 有利な発行価額で新株式の引受けをした場合の課税

第三者割当増資は、時価発行が原則ですが、これを下回る金額で割り当てられる場合があります。

この場合、時価と発行額との差額がおおむね10%以上ですと有利な発行価額とされ、新株を割り当てられた人の、その経済的な利益に対し原則として一時所得が課税されます。

【第三者割当増資のイメージ】

＊5,000円で2,000株増資

〈増資前Ｂ／Ｓ〉

| 資産5億円 | 負債3億円 |
| --- | --- |
| | 純資産2億円 |

株数：5,000株
株価（純資産）：40,000円

⇨

〈増資後Ｂ／Ｓ〉

| 資産5億1,000万円 | 負債3億円 |
| --- | --- |
| | 純資産2億1,000万円 |

株数：7,000株
株価（純資産）30,000円

↑
従来の株主の株価が低下

## 第三者割当増資の意義

　第三者割当増資とは、会社が増資するに当たり現在の株主以外の第三者に割り当てる増資をいいます。

## 第三者割当増資を効果的に実行する準備

　第三者割当増資を実行するには、配当還元価額が低い方が実行しやすくなります。

　ここで、配当還元価額は、直前期事業年度及び直前々期事業年度の配当実績に基づき計算されますので、（旧）額面金額以下で引き受けるためには、これらの事業年度の配当率は10％以内（Q84参照）である必要があります。


【注意点】

　将来、第三者割当増資により発行した株式を同族関係者が買い戻そうとするとき、買取価額は基本的に原則的評価方式による高い株価になりますので、新株式の引受先には十分配慮することが必要です。

## 92 株式公開での自社株対策とは？

 **Q** 私は、同族会社の社長をしていますが、会社の業績は非常に順調で、先日、株価の試算をしたところかなりの高額になりました。

聞いた話では、自社株対策として株式公開の方法があるそうですが、その効果と留意点を教えてください。

**A** 株式公開についての効果（メリット、デメリット）をまとめると、次のようになります。

### 株式公開の効果（メリット、デメリット）

**(1) 株式公開のメリット**

① 社会的信用の向上が図れる。

② 資金調達力が強化される。

③ 自社株の相続の観点からも、株式に換金性がつくので、納税資金の調達が容易になる。

**(2) 株式公開のデメリット**

① 現在のオーナーの意思が反映しにくくなる。

② 総会対策や買占め対策等が必要になる。

### 参考

今日、中規模の会社や中堅企業で優秀な会社の株式公開は、2、3年の準備期間で十分可能となってきています。

　また、従来の市場（東証１部、２部）のほかにも、現在では、JASDAQやマザーズに公開している企業数も相当数あります。

## 株式譲渡についての課税

　株式の譲渡所得（売却利益）は、申告分離課税方式で課税されます。一般的には総合課税より有利（税負担小）となります。

### 〈申告分離課税方式〉

　株式、出資、新株予約権等を譲渡した場合の譲渡所得（売却利益）については、他の所得と分離して所得税15％（住民税５％）㊟が課税されます。

　これらの課税は所得税の確定申告によって行われます。

　なお、計算のしかたは次のとおりです。

　㊟　復興特別所得税は考慮していません。

### (1)　譲渡所得（売却利益）の計算

$$\binom{譲渡}{所得} = \binom{売却による}{収入金額} - \binom{取得}{金額} - \binom{譲渡に要した費用}{（売買手数料等）}$$

### (2)　譲渡所得税の計算

　譲渡所得税＝譲渡所得×20％（所得税15％・住民税５％）

## 93 事業承継のための株式の譲渡の課税は？

 私は同族会社の社長をしていますが、事業承継の一環として、私の所有する自社株を長男へ移転したいのですが、どのような方法がありますか。また、注意点は何か教えてください。

**A** 生前に自社株をご長男に移転するには、譲渡と贈与が考えられます。

ここでは、譲渡した場合の課税関係をみていくことにします。

自社株の譲渡と課税関係

### (1) 株価の決め方

同族会社株式には市場性がなく、取引相場がないため、売買価額については、類似会社と比較して算定するなどの方法により適正な株価を決定することになります。

株価の算定方法には「証券会社方式（株式公開価格算定基準を参考とする方式）」など、いくつかの種類がありますが、相続税の評価基準を基にすることが多いと思います。

詳しくは、Q84を参照してください。

### (2) 売主（社長）の所得税

一般的に自社株の取得価額は、（旧）額面額ですから、売買すれば売買価額と（旧）額面額との差が譲渡益（損）

となります。

　この譲渡益については、20％の税率（所得税15％、地方税5％／復興特別所得税考慮外）で課税されます（他の所得とは分離して課税）。

譲渡所得税＝譲渡益×20％

＊株式の譲渡損は他の所得と損益通算ができませんが、同じ非上場株式の譲渡所得内での通算は可能です。なお、上場株式の譲渡損と非上場株式の譲渡益を通算することはできません。

(3)　買主（長男）の贈与税

　株式の売買価額が相続税評価額よりも低い場合、買主である子供に対して贈与税が課税されることがあります。

贈与税＝（贈与額−110万円）×税率
基礎控除額

【注意点】

　自社株の移転を売買で実施する場合には、買う側のご長男に資金的な負担能力があるかどうかが問題になります。

自社株を購入したが、代金を支払えないとなると、譲渡で
はなくすべてが贈与になってしまいますので、注意する必
要があります。

# 94 株式を低額（高額）譲渡した場合の課税は？

**Q** 私は同族会社の社長をしておりますが、自分の所有する同社の株式を譲渡する場合、譲渡金額の高低によって、税務上、問題が生ずることがありますか。

**A** 資産の移転の際に、当事者間に特別の経済的な利益が生じれば、必ず課税の問題が生じますので、売買価額の決定には注意しなければなりません。

### 個人間で低額の譲渡をした場合

(1) 譲渡価額と時価（相続税評価額）とに差が出ると基本的に贈与税の問題が生じます。

【課税のイメージ】

(2) 自社株の売主の譲渡所得の計算においては、実際の譲渡価額を基に計算されます。

## 【個人間の譲渡と課税関係】

| 区分 | 譲渡価額＜相続税評価額 |
|---|---|
| 譲渡者個人 | 譲渡価額を収入金額として譲渡所得課税<br>＊（譲渡価額－取得費－譲渡費用）×20％（国税15％、地方税5％）（復興特別所得税は考慮していません。） |
| 譲受者個人 | 譲渡価額と相続税評価額との差額は贈与税課税 |

### 個人間で高額譲渡をした場合

⑴ 譲渡価額が株式の時価よりも高い場合は、株式の時価を収入金額として譲渡所得税の計算をします。

⑵ 譲渡価額と株式の時価との差額については、譲受人から譲渡人に対する贈与となります。

⑶ 譲受人には特に課税関係は生じません。

⑷ ここでの時価の算定は、次ページの参考の注書を参照してください。

**参考** 個人・法人間取引における個人の課税

| 譲渡者 | 譲受者 | 譲渡価額＜時価 | 譲渡価額＞時価 |
|---|---|---|---|
| 個人 | 法人 | 譲渡価額が時価の2分の1未満の場合は、時価まで引き上げて譲渡所得課税 | ① 時価までの部分は譲渡所得課税<br>② 時価を超える部分は給与所得（賞与）または一時所得として所得税課税 |
| 法人 | 個人 | 時価との差額は給与所得（賞与）または一時所得として所得税課税 | ① 時価を超える部分は株式の取得費を構成しない。<br>② 時価を超える部分は法人に対する寄付。 |

(注) 譲渡価額と比較する時価は相続税の評価額とは異なります。ここでの時価は、相続税の評価額を基に土地等については実際の市場価額に置き換える等、いくつかの違いがありますので、専門家にご相談されることをお勧めします。

# 95 相続税の支払のために自社株を会社に買い取ってもらえる？

**Q** 私は同族会社の社長をしておりますが、仮に私に相続が発生した場合、相続した子供が相続税の納税資金とするため、現在私が所有している自社株式を会社に買い取ってもらえるでしょうか。

**A** 現在では自己株式の取得や保有ができるようになっており、いわゆる金庫株が解禁されていますので、ご質問のケースも可能です。

## 会社による自己株式の取得等（金庫株）の内容

### (1) 概要

　金庫株は、配当可能利益の範囲内であれば、目的に制限なく取得・保有することができます。金庫株の解禁は、当初、上場株の発行会社が、市場にだぶついている自己株を購入し、株価の安定を図ることを目的として導入されましたが、現在ではその他の中小企業においても利用されています。

　なお、配当可能利益を超えて自己株を購入してしまった場合、取締役に対する損害賠償責任が生じますので、注意が必要です。

### (2) 取得手続

① 株主総会において、取得株数、取得金額の枠等を決定

します。
② 特定の者から取得する場合、株主総会で特別決議をします。

　㊟ 会社が相続により株式を取得した者から買い取る場合、他の株主は通常可能な追加買取請求をすることができません。

(3) **金庫株の処分**

① 金庫株を消却する場合は、取締役会の決議で行うことが可能です。
② 金庫株を売却する場合は、新株発行手続が準用されます。譲渡制限会社は、取締役会の承認が必要です。

(4) **金庫株の会計処理**

① 金庫株の発行会社が取得した場合、取得価額を資本の部の控除項目とします。
② 発行会社が金庫株を処分したときの処分差額は、原則としてその他資本剰余金として処理します。

## 会社による自己株式の取得等（金庫株）の課税関係

(1) **金庫株の発行会社の取得時**

　特に課税関係は発生しません。なお、資本金等の減額の他、利益積立金の処理が行われる場合があります。

(2) **発行会社の金庫株の処分時**

　特に課税関係は発生しません。なお、資本金等の額が増加します。

(3) **発行会社に売却した株主の課税**

　課税関係はQ96を参照してください。

## 96 相続した非上場株式を発行会社に売却したときは特例がある？

**Q** 私は、同族会社の代表者をしていますが、その会社の発行株式のほとんどを所有しています。仮に、私に相続が発生した場合、相続財産はこれらの株式が中心で、相続税を支払うのが大変だと思います。お陰様で会社では資金的な余裕があるため、これらの株を買い取ってもらい、納税資金に充てられればと思っています。

聞くところによりますと、これらの方法で会社に株式を売却した場合、従来は非常に税金が高かったものが、低くなったとのことです。その内容を具体的に教えてください。

**A** 相続（または遺贈）で財産を取得した人で相続税の負担が生じている場合、相続のあった日から、申告書の提出期限以後3年以内（相続開始から3年10か月以内）に、相続した非上場株式を発行会社に売却したときの課税は次の図のようになります。

これは、平成16年4月1日以後の相続から適用になっているもので、それ以前は、各ケースの「譲渡収入」の部分がみなし配当とされ「配当所得」として課税されていました。そのため、最高、所得税、住民税合わせて50％の税率で課税されていました。平成16年4月1日以降は、各ケー

スの譲渡益の20％（所得税15％、住民税５％）㊟が税金と
なっています。

㊟　復興特別所得税は考慮していません。

《ケース１》

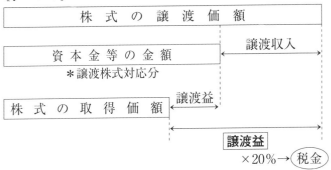

《ケース２》

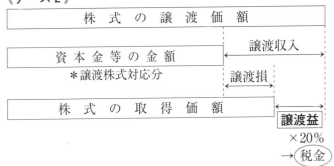

参考１

**相続税の取得費加算**

　改正によりみなし配当部分が譲渡収入とされることから、
改正前に比較し相続税を取得費に加算できる金額も増加
（譲渡所得の計算上、必要経費が増加）しています。

## 発行会社に売却した株主の課税関係（相続以外）

　株主が、その発行法人に株式を売却（発行法人にとっては「自己株の取得」）し、その売却代金を受領した場合、その金額の合計額が資本等の金額を超える場合は、配当とみなされます（配当所得として課税）。ただし、証券市場で行われる「自己株式の取得」等は、みなし配当の対象から除かれます。

　また、株式の取得価額と対応する資本等の金額との差額は譲渡損益となります。

《譲渡益が出るケース》

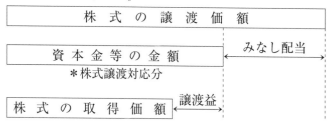

《譲渡損が出るケース》

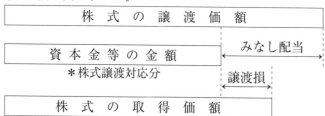

【注意点】

① 株主が法人の場合は、みなし配当について受取配当の益金不算入の規定が適用されます。

② 相続で取得した株式でも、相続開始後3年10か月を超える譲渡の場合、参考2の課税関係となります。

# 97 社長が会社に株式を低額で売却した場合（自己株取引と株式価値の移動）

**Q** 私は、自分が代表取締役を務めるX社に同社の株式を一部売却する予定です。株主は私の他に妻と長男がいます。会社の準備できる資金を考慮し、時価よりも安く売却したいと思っているのですが、特に問題はないでしょうか。

**A** 貴方から発行法人（X社）への株式の売却となり、その内容は払戻し（資本取引）となりますので、X社には損益は発生しないものと考えられます。

ここで、低額でX社の株式を売却した場合、株式価値の移動（他の株主の株価上昇）が生じ、他の株主に贈与税が課税される可能性もありますので注意が必要です。

## 株式の低額譲渡とその他株主の株価上昇のイメージ

例えば、X社に対して、株主Aが時価5,000万円するX社株式（A所有分すべて）を3,000万円で譲渡したとします。他にB、Cの株主がいるとします。この譲渡が行われた後の、株価（純資産価額）を考えてみると、次のようにB、Cの株価は上昇します。

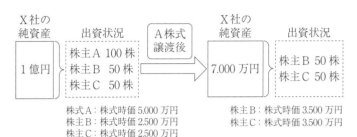

### 類似業種比準価額での計算

　類似業種比準価額で譲渡前後の株価を計算する場合、譲渡後の株価については、自己株式数（発行会社取得分）を増加し、薄価順資産価額（計算明細書のＤ）を減少（発行会社が取得時に支払った金額分）させて計算するものと考えられます。

## 98 会社の発行株式のなかに名義株がある場合はどうする？

**Q** 私が社長をしている会社の株主名簿に登録されている株主には、会社設立時に名義だけ借りている（払込金は私が負担しています）、いわゆる名義株主がいます。

ところで、同族会社であるかどうかを判定する際の株主には、株主名簿に記載されている株主が名義株主である場合、どのように取り扱われるでしょうか。

また、今後の次の代への事業承継を考えて、ここで名義株を私名義に変えても問題ないでしょうか。

**A** 株式会社の設立等に当たって、本来の払込者（株主）以外の者の名義を借りて株主として株主名簿に登録される場合があります。

これらの株主名簿に登録された者が、単なる名義人にすぎない場合のその株式を名義株と呼んでいます。

### 同族会社かどうかの判定

税務上、同族会社に該当するかどうかで、税金の計算も変わってくることがあるため、その判定は重要になります。

そして、同族会社であるかどうかを判定する際の株主は、株主名簿に記載されている株主によることになります。

ここでは、その株主が単なる名義株主で他に実際の払込

者がいる場合、その実際の払込者を株主とします。

## 名義株主から本来の株主への名義変更

　名義株式を実際の払込者の名義に変更することは問題がありません。ただし、実際に払込みしているかどうかを証明することが必要になります。仮に実際に払込みしていることが証明できないまま、貴方の名前に書き換えた場合、名義株主から貴方への贈与と判断される可能性もあります。

## 名義株式かどうかの判定のポイント

　名義株式かどうかの判定ポイントは、次のとおりです。
①　会社の議決権を誰が行使しているか。
②　配当金の受領者は現実には誰なのか（配当金の受領状況が判るもの、預金通帳等）。
③　株券を保管しているのは誰か。
④　払込時に資金を出しているのは誰か（払込金の出所が判る資料）。
⑤　増資時に資金を出しているのは誰か（払込金の出所が判る資料）

　名義株かどうかの判定は、上記の事実や証拠資料を基に総合的に判断することとなります。
　なお、名義株主から本来の株主へ名義変更した際、法人税の申告書別表2の株主名の記載についても訂正することを忘れずに行ってください。

## 99 ストックオプションの概要

**Q** 私の会社は5年前に創業しましたが、現在、株式公開に向けて準備をしているところです。
　新聞等でときどきストックオプションの記事がでているのですが、その概要を教えてください。

**A** ストックオプションの概要は、次のとおりです。
　なお、法律的にはストックオプションは、新株予約権といいます。

### ストックオプションの概要

⑴　**ストックオプションの意義**

　ストックオプションとは、あらかじめ定められた価額（権利行使価額）で一定期間内に自社株を買うことができる権利を付与する制度です。

⑵　**ストックオプションの効果**

　ストックオプションは、役員や社員に対する報酬の一つで、このストックオプションを付与された役員、社員が、自社株の価額があらかじめ定められた権利行使価額を上回った時にこの権利を行使すれば、その差額を利益として受け取ることができるため、この制度は役員、社員の士気を高め会社の業績を伸ばす動機づけになります。

(3) **ストックオプションのしくみ**

① 会社の役員や社員に対してストックオプションを付与します。

② 会社の役員や社員が会社に対して権利を行使します。

③ 会社は権利の行使を受け、新株または、自己株式を交付します。

④ 会社の役員や社員が取得した株式の売却を行うことで利益を得ます。

(4) **ストックオプションの手順（新株予約権）の概要**

ストックオプションは、おおむね次のような手順で行われます。

株主総会の特別決議でストックオプションの個数・算定方法、行使期間等決定（特別決議:総株主の議決権の過半数を有する株主が出席し、出席者の議決権の２／３以上の賛成が必要）
↓
新株予約権の申込み
↓
新株予約権の割当て
↓
新株予約権原簿の作成
↓
新株予約権に関する登記

(注) 役員にストックオプションを発行するときは、報酬についての決議が必要となります。

## ストックオプションを付与する上での注意点

　ストックオプションは、役員や従業員の士気を向上させ、また、キャッシュアウトを伴わずに優秀な人材を確保できるといった利点があります。一方で、株式上場の予定時期が延長されたり不透明になってくると、付与を受けた役員や従業員の士気が下がってしまうといったことも考えられます。その他にも、付与の基準が不明確だと不公平感が出たり、上場して大きな利益を得ると会社を退職してしまう者も出てくるといった可能性がありますので、これらの対応について事前に検討するのがよいでしょう。

# 100 ストックオプションの税金は？

**Q** 私の会社は現在、ストックオプション制度を導入することを計画していますが、どのような税金がかかるか教えてください。

**A** スットクオプションの課税関係は、次のとおりです。

### ストックオプションの課税関係

**(1) 原則**

① 給与所得になる部分……権利行使時の株価と権利行使価額との差額は給与所得になります。

② 譲渡所得になる部分……売却時の価額と権利行使時の株価との差額は譲渡所得となります。

**【甲社のストックオプションの例：税務上の特例不適格】**

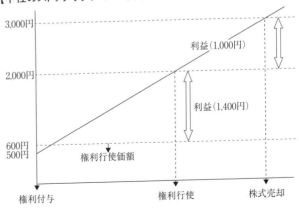

① 権利付与時：甲社の株の時価は1株500円。ここで、甲社が役員に1株600円で甲社株を付与することを約束します（役員は600円で将来的に甲社の株を取得する権利を得ます。なお、付与される価額は付与時の株の時価（500円）以上とされます）。

② 権利行使時：役員は、権利を行使して600円で甲社の株を取得します。この時の株の時価は2,000円です。

③ 役員の給与所得税：役員は、権利行使時の株の時価と権利行使価額との差額について給与（役員賞与）課税されます。

課税対象…2,000円−600円＝1,400円（1株当たり）

④ 株式売却時：役員は甲社株を3,000円で売却します。

⑤ 役員の譲渡所得税：役員の譲渡利益については、譲渡所得課税されます。

課税対象…3,000円−2,000円＝1,000円（1株当たり）

＊税率20％（国税15％、地方税5％）（復興特別所得税は考慮していません。）

(2) **課税の特例**

次の条件のすべてを満たすストックオプションについて、役員、社員がその権利行使により生じた経済的利益（給与所得部分）についての所得税が非課税となっています。

なお、<u>大株主（発行株式総数の3分の1超所有）及びその特別関係者は特例適用できません。</u>

① 新株予約権等の権利行使は、付与決議の日から2年以内はできないこと。また、10年を超えてもできないこと。

② 　新株予約権等の権利行使価額の年間の合計額が1,200万円を超えないこと。

③ 　新株予約権等の1株当たりの権利行使価額は、その付与会社の株式の付与契約の締結時における1株当たりの価額以上であること

④ 　権利行使による株式の譲渡または新株の発行が、その譲渡または発行のために付与決議がされた会社法の定める事項に反しないで行われるものであること

⑤ 　これらの株式は、その付与会社と証券会社等との間であらかじめ締結される株式の保管の委託または管理等信託に関する取決めに従い、一定の方法により、その証券会社等の営業所等に保管の委託等がされること。

⑥ 　新株予約権等については、譲渡をしてはならないこと。

【乙社のストックオプションの例:税務上の特例適格】

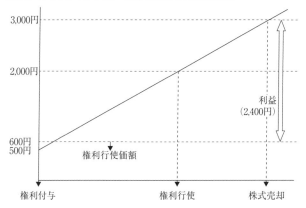

① 　権利付与時:乙社の株の時価は1株500円。ここで、乙社が役員に1株600円で乙社株を付与することを約束し

ます（役員は600円で将来的に乙社の株を取得する権利
を得ます。なお、付与される価額は付与時の株の時価
（500円）以上とされます）。

② 　権利行使時:役員は、権利を行使して600円で乙社の株
を取得します。この時の株の時価は2,000円です。

③ 　株式売却時：役員は乙社株を3,000円で売却します。

④ 　役員の譲渡所得税 ：役員の譲渡利益については譲渡
所得課税されます。

課税対象…3,000円－600円＝2,400円

＊税率20％（国税15％、地方税５％／復興特別所得税は考
慮外）

# 101 株式交換制度で何ができる？

**Q** 企業の統合とか、再編といった方法の中に株式交換制度というものがあるようですがこれはどういうものですか。また、それによって何ができるようになるのでしょうか。

**A** 株式交換制度とは、簡単にいえば、親会社の株式と子会社の株式を交換することです（一般的には親会社は交換の際、増資して子会社の株主に親会社の株式を渡します）。この制度により、比較的容易に既存の子会社を完全（100％）子会社にできます。

そしてそのことで、親会社の意向を迅速かつ的確に子会社の経営に反映させ、企業グループ全体の統合を図るということが期待されています。

《株式交換のイメージ》

それでは、株式交換の概要を事例を通してみていきたいと思います。

**【事例】**

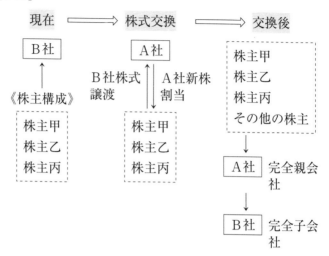

(1) **目的**：A社がB社を100%子会社にします。

(2) **手順**：

① A社とB社の株式交換契約書を作成します。

② A社とB社がそれぞれ、株主総会で株式交換することを特別決議で承認します。

③ A社がB社の株主（甲、乙、丙）からB社株式を取得します。その対価はA社が増資してA社株式を交付します。

④ B社株主（甲、乙、丙）の中でB社株式の交換に反対する株主がいれば、B社がその株主からB社株式を買い取ります。

⑤ B社はA社の完全（100%）子会社になります。

上記の例からも分かるように、従来B社の株式を持って

いた株主は、所有する株式がB社の株式から結果としてA社の株式に代わった（B社株式とA社株式とを交換した）ことになります。

**参考**

(1)　この制度を利用することにより、完全子会社化を図る場合に、完全親会社は株式の買取資金の負担をせずに済むようになります。

(2)　この制度を利用するには、株主総会の特別決議が必要です。

(3)　株主が交換により引き渡した株式の譲渡益を課税しない（繰り延べる）こととされています。詳しくはQ102を参照してください。

## 102 株式交換の類似パターン、株式移転とは何のこと？

**Q** 株式交換と類似する制度には株式移転というものがあるそうですがどのような内容なのでしょうか。また、株式交換とはどのように違うのでしょうか。

**A** 株式交換の場合は、既に存在している会社が完全親会社になりますが、株式移転の場合は、完全親会社を新たに設立することになります。

【事例】

(1) **目的**：株式移転によりB、C社の株式を100％所有するA社を設立します。

＊B、C社の事業を統合しようとした場合、合併となると種々の問題が生じることがあります。そのため、合併に代えて各社を統括する持株会社A社を設立するわけです。

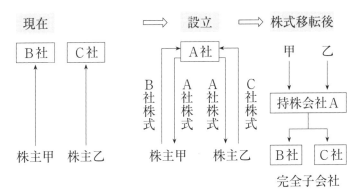

(2)　**株主の状況：**

①　B社の株主は甲（甲以外の株主がいる場合もあり）。

②　C社の株主は乙（乙以外の株主がいる場合もあり）。

＊甲、乙、は個人株主の場合もあれば、法人株主の場合もあります。

(3)　**手順：**

①　甲はB社株式を、乙はC社株式をそれぞれ移転してA社を設立します。その結果、甲、乙はそれぞれA社株式を所有します。

②　A社は、B、C社の株式を100％所有し、B、C社はA社の完全子会社になり、A社は完全親会社になります。

③　甲は、B社の株式の代わりにA社の株式を、乙はC社株式の代わりに、A社の株式を取得します。

＊A社は新たに甲、乙によって設立された会社ですので、甲、乙のほかには、A社株主はいません。この点が株式交換の場合と異なるところです。

## 本来的な課税関係と特例規定

### 1　原則

　株式交換でも株式移転でも、所有する株式を交換もしく
は移転（いずれも譲渡の一種です）し、その対価として親
会社の株式の交付を受けることになるため、本来的には課
税関係が生じます。

⑴　個人の場合は、譲渡益（売却収入−取得原価）に対し
　て所得税、住民税が課税されます。

⑵　法人の場合は、有価証券売却益として、法人税等が課
　税されます。

　この場合、親会社の株式の時価が売却収入とされます。

### 2　特例規定

　株式交換・株式移転について、次の課税上の特例があり
ます。

⑴　株主が個人の場合には、交換・移転によって交付を受
　けた親会社の株式の時価は、交付した株式の取得費であ
　るとします。そうすると、売却収入と取得費が同額と
　なって、差額である譲渡益がゼロになります。

⑵　株主が法人の場合には、交換・移転によって交付を受
　けた親会社の株式の時価は、交付した株式の帳簿価額で
　あるとします。そうすると、売却収入と帳簿価額が同額
　になって、差額である有価証券売却益がゼロになります。

⑶　⑴、⑵で課税を受けない代わりに、交付を受けた親会
　社の株式を将来売却した場合には、交付した株式の帳簿

価額（取得費）がそのまま親会社株式の取得価額になっていますので、その段階で課税されることになります。つまり、この時点まで課税が延期されるわけです。

(注)　この特例は、基本的に株式以外の資産が交付されないことを条件としています。

## 103 会社分割とはどういう制度？

**Q** 企業買収、Ｍ＆Ａといった話をよく聞きますが、その際、会社分割という手法もよくとられるようです。これはどのような内容なのでしょうか。概略で結構ですので教えてください。

**A** 会社分割の制度により会社が種々の事業部門等を経営戦略的に分離したりすることによって、経営の効率化等を行えるようになっています。

### 会社分割の具体的内容

会社分割には分割対象事業の承継会社の株式を、分割した会社に割り当てる分社型と、分割した会社の株主に割り当てる分割型があります。

(1) **分社型**

分社型は簡単にいうと会社の一部を子会社化するものです。

（例）

A会社

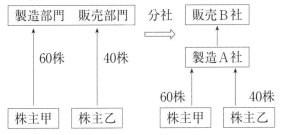

① A社はB社を設立して、販売部門をB社に分社します。

② 分社によりA社の販売部門がB社に移行しますが、B社の株式をA社が所有している状態です。

③ 株主甲と株主乙はA社を通じて間接的にB社を保有していることになります。

## (2) 分割型

　分割型は会社を分割して、分割された会社の株主に対し、分割対象事業を譲り受けた会社の株式を割り当てるというものです。

（例）

A会社

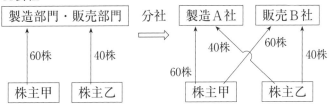

① A社は販売部門を分割することにし、販売部門を承継する会社はB社とします。

② 分割によりA社の販売部門はB社に移ります。

③ A社の株主甲、乙はA社だけではなく、B社の株式をも所有することになります。これにより、株主甲、乙は分割前と同様、製造部門と販売部門を所有します。

### (3) 新設分割・吸収分割型

分割に伴い新たな会社を設立して、分割対象事業をこの新会社に承継させる制度を「新設分割」といいます。

また、既存の会社に分割対象事業を承継させる制度を「吸収分割」といいます。

【吸収分割のイメージ】

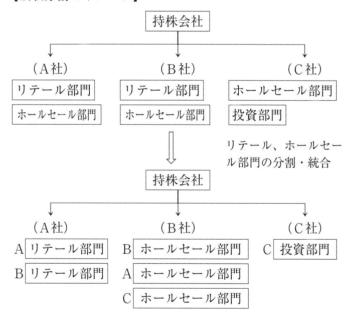

## 会社分割に関する税金

　会社分割を行う場合、税制上の特例を受けられる分割とそうでない分割があります。前者を税制適格分割、後者を税制非適格分割といいます。税務上の扱いはそれぞれ次の様になります。

### 1　税制適格分割

　一定の条件を満たす分割の場合は、分割により移転する資産は簿価で移転すると計算され、分割会社では資産の移転に伴う譲渡損益は発生しません。

### 2　税制非適格

　一定の条件を満たさない分割の場合は、分割により移転する資産は時価で移転すると計算されるため、分割会社では資産の移転に伴う譲渡損益が発生します。そのため、資産に含み益がある場合は法人税等が算定されることになります。

### 3　例

　甲社が分割会社とし、乙社を分割承継会社とし、甲社が資産（簿価200、時価1,000）を分割します。甲社の仕訳は次のようになります。

### (1)　税制適格の場合

　（借方）資本金等　　　　　　　　（貸方）資産　200
　　　　　利益準備金等　200

　＊上記は分割型分割の場合、分社型分割の場合は借方は乙社株式となります。

(2) 税制非適格の場合

（借方）資本金等　　　　　　　　　（貸方）資産　200

　　　利益準備等　1,000　　　　　　　　　譲渡益　800

＊上記は分割型分割の場合、分社型分割の場合は借方は乙

　社株式となります。


## 4　税制適格に該当するための一定の条件

　一定の条件については、分割会社と分割承継会社間の株式の持分関係により、①持分関係が100％の場合、②持分関係が50％超100％未満の場合（企業グループ内再編）、③持分関係なし（共同事業再編）の３つに分かれます。いずれの場合も、株式以外に交付金が交付されないことが条件となっていますが、その詳細は複雑ですので専門家に相談された方が良いと思います。


## 5　他の組織再編について

　合併、現物出資、現物分配についても、会社分割と同様に税務上類似した規定（税制適格、税制非適格）がおかれています。

# 104 非上場会社での会社分割の利用

 当社は非上場会社ですが、会社分割を使う場合、どのような利用方法があるのでしょうか、教えてください。

**A** 以下、事例を基に説明します。

### 事例1

　非公開会社の株式を100％所有している場合には、40％の株式を譲渡して現金化しようとしても40％では、譲受人が経営権を取得できないので、なかなか売却できないのが実情です。そうかといって、50％超の株式を譲渡すると、譲渡人は経営権を失ってしまうので、それもできません。

　そこで、会社分割によって、60％分の会社と40％分の会社にし、40％分の会社を売却することが考えられます。これによって、40％分の会社を購入した者は経営権を確保できます。また、残った60％分の会社は依然、従来の所有者に経営権は確保されます。

《現状》

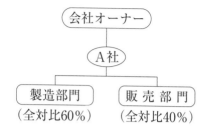

《会社分割》

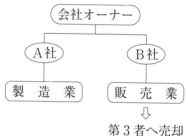

第3者へ売却

事例2

　オーナー社長の相続対策として、仮に後継者が2人いるような場合に、社長の生前に会社を2社に分割し、各後継者に、それぞれの会社を経営させます。相続発生時に後継者は各々が経営している会社の株を相続すれば、株式の承継はスムーズに行えると考えられます。

**《現状》**

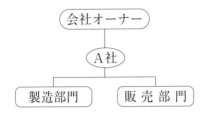

**《会社分割》**

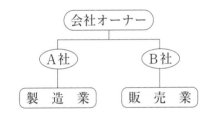

**《相続》**

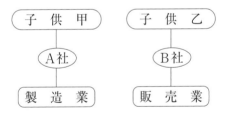

## 105 事業承継に利用できる遺言代用信託とは？

**Q** 私は同族会社の社長をしていますが、そろそろ事業承継を考える時期になりました。信託を使うことで事業承継がスムーズに運ぶといったことを聞いたのですが、どのようなことでしょうか。

**A** 以下、信託の意味と基本的な遺言代用信託について説明します。

### 信託とは

　信託とは、財産を所有する方が財産を人（又は会社）に預けて、預ける目的に従って管理してもらうことをいいます。ここで、財産を預ける人を委託者、財産を預かる人を受託者、預けられた財産から得られる利益を得る人を受益者といいます。

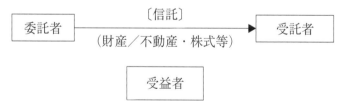

## 遺言代用信託の意味と長所等

　遺言代用信託とは、委託者が生前に財産を信託し、委託者を当初の受益者とし、委託者が亡くなった場合の次の受益者を予め信託契約に定めておく信託をいいます。遺言代用信託は遺言で信託を設定するものではありませんが、遺言のように財産の承継者を事前に決めておくといった類似する面があることから遺言に「代用」する信託と言われています。

　ここで、事業承継の場面で考えると、例えば、後継者に自社株式を相続させる旨の遺言があっても、その手続き上、遺言の執行の完了まで一定の時間がかかります。また、その遺言に矛盾する遺言があったり、他の相続人から遺言の内容について疑義を唱えられたりすると更に時間がかかる可能性もあります。

　一方、遺言代用信託の場合は、経営者の死亡により信託契約の定めに基づいて当然に後継者が受益権を取得するため、経営の空白期間が生じることなく事業承継を行うことができるといった長所があります。

## 【遺言代用信託の事例】（中小企業庁ホームページより）

　下記の事例は、経営者（委託者）が生前に、所有する自社株式を対象に信託を設定し、信託契約において自らを受益者（当初受益者）としています。そして、経営者（委託者）死亡時に後継者が受益権を取得する旨を定めたものです。(注)

(注)　経営者死亡後、後継者が受益者となります。

　なお、後継者が取得する受益権は相続税の対象となります。

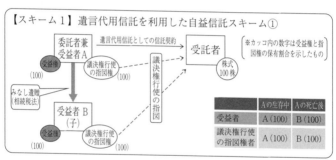

【スキーム１】遺言代用信託を利用した自益信託スキーム①

## 信託要項のイメージ

| 信託目的 | （円滑な事業承継による企業価値の維持・向上を目的とする）株式の管理 |
|---|---|
| 委託者兼当初受益者 | 中小企業経営者A |
| 受益者 | 中小企業の後継者B |
| 議決権の行使 | 委託者相続発生前：委託者兼当初受益者の指図に従い、受託者が行使する<br>委託者相続発生後：後継者の指図に従い、受託者が行使する |
| 信託財産 | 自社株式 |
| 信託の変更 | 原則不可 |
| 受益権の譲渡・担保提供 | 原則不可とするが、一定の事由に該当する場合で受託者が承諾した場合は可。 |
| 信託の終了事由 | 後継者（受益者）の死亡等 |

# 106 遺言代用信託の活用事例

**Q** 前問で遺言信託の基本的な事例の紹介がありましたが、他の活用事例がありましたら教えてください。

**A** 以下、2つの事例をご紹介致します。なお、議決権の指図権㊟を後継者に集めることがポイントとなります。

㊟　議決権は受託者が行使しますので、それに指図する権利

**【遺言代用信託の事例①（遺留分の配慮と議決権の確保】**
（中小企業庁ホームページより）

　下記の事例は、受益権を分割して非後継者の遺留分（民法上保証された取り分・通常は法定相続分の1/2）に配慮しつつ、議決権行使の指図権を後継者のみに付与することで、議決権の分散を防止し、安定的な事業承継を目的としています。

(1)　経営者（委託者）は、生前は受益者（当初受益者）でもあります。

　　信託した株式は100株、この株式についての受益権（配当等）100株分、議決権行使の指図権（前問参照・委託者の指示で受託者が議決権行使）100株分。

(2)　経営者（委託者）死亡後は、受益権は受益者B（非後継者）に50株分、受益者C（後継者）に50株分、<u>議決権</u>

の指図権は受益者C（後継者）に100株分。㊟

㊟　受益者B（非後継者）は、議決権の指図権は取得しません。

(3)　受益者B（非後継者）と受益者C（後継者）は各々50
　株の自社株の遺贈を受けたとして相続税が課税されます。

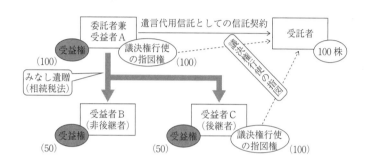

参考

　議決権の指図権は相続税の評価上、別個に価額は算定さ
れないものと考えられます。なお、受益権の評価額は株式
の評価額と同額となります。

## 【遺言代用信託の事例②（生前に贈与・経営者議決権の確保）】（中小企業庁ホームページより）

　下記の事例は、経営者（委託者）が、議決権行使の指図
権を保有することで、経営者は引き続き経営権を維持しつ
つ、自社株式の財産的部分のみを後継者に取得させるもの
です。

　同様の効果を有するものに種類株式がありますが、種類

株式の発行と比較的手続きが容易です。また、拒否権付株式の発行の場合、積極的に会社の意思決定をできないことと比較しても長所があります。

(1)　経営者は委託者A、後継者は受益者Bとなります。

(2)　議決権行使の指図権（前問参照・委託者の指示で受託者が議決権行使）の全て（100株分）を経営者（委託者A）が取得します。

(3)　後継者（受益者B）は100株の自社株式の贈与を受けたとして、贈与税から課税されます。

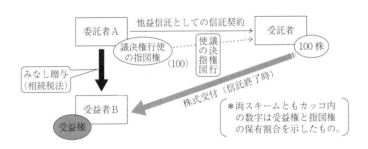

信託されている株式については、納税猶予制度（Q108参照）の対象にはなりませんのでご注意ください。

受託者をQ107で紹介する一般社団法人とするケースもあります。

## 107 事業承継と一般社団法人の活用

**Q** 私は同族会社の代表取締役ですが、事業承継を行う上で一般社団法人に株式を移転する方法があると聞きました。これはどのようなことでしょうか。また、それによって生じる課税関係についても教えてください。

代表取締役

| 自社株式 | → 移転 → | 一般社団法人 |

**A** 通常は、会社の代表者等の所有する自社の株式を設立した一般社団法人に贈与することになります。以下、それらの内容と課税関係についてご説明しますが、かなり込み入った面もありますので、実行の際は専門家にご相談されることをお勧め致します。

### 一般社団法人への移転

　会社の代表者等の所有する株式等の財産を、社団法人又は財団法人に贈与や譲渡により移転した場合、その段階で一度課税は発生（下記課税関係参照）するものの、社団法人や財団法人には持分がないため、その後、財産を移転した方に相続が発生しても相続税が課税されません。（注）

（注）　財産を移転した方が社団や財団を所有していたとして（会

社の株式を所有していたのと同様と考えて）相続税の対象にはなりません。ただし、平成30年度の改正によりかなりの割合で課税されるケースがあると思いますので注意が必要です（下記課税関係参照）。

　そのため、一般社団法人を設立し、代表理事に後継者である子が就任することなどにより、一般社団法人を通じて自社を支配し続けることが可能と考えられます。つまり、一般社団法人に移転された株式については、次世代への承継を（次次世代の承継も）相続税の課税を受けずにできることになります。

　上述した持分がないという点では、一般財団法人でも良いのですが、役員の要件が厳しく、通常は一般社団法人が利用されることが多いと思われます。(注)

(注)　公益法人や非営利型の法人（社団・財団）はさらに要件が厳しくなります。

### 課税関係

### 1　財産の移転を受ける一般社団法人への課税

(1)　一般社団法人が財産の贈与を受けた場合、法人税の対象となります。

(2)　その贈与（又は遺贈）により贈与等をした者の親族等の贈与税の負担が不当に減少する結果となると認められる場合には、贈与を受けた一般社団法人（持分の定めのない法人）を個人とみなして贈与税（遺贈の場合は相続税）が課されます（法人税が課税される場合はその額を

控除)。

## ○不当に減少すると判断されるケース（次の要件を一つでも満たさない場合）（第1段階での選別）

① 定款等において、役員等のうち、親族等及びこれらと特殊の関係のあり者の数の役員等に占める割合は、いずれも3分の1以下とする旨の定めがあること。

② 財産の贈与者や法人関係者等に対し、特別な利益を与えていないこと。

③ 定款等において、解散時の残余財産の帰属先が国や公益法人に帰属する旨の定めがあること。

④ 贈与又は遺贈前の3年以内に国税等について重加算税を課されたことがないこと。


　上記の不当に減少すると判断されなかった場合で、かつ、下記の不当な減少とならない要件を満たした場合、贈与税（遺贈の場合は相続税）の課税はありません（要件は重複するものがあります）。

## ○不当な減少とならない要件（全てを満たすこと・概要）（第2段階での選別）

① 運営組織が適正であること。

② 定款等において、役員等のうち、親族等及びこれらと特殊の関係のあり者の数の役員等に占める割合は、いずれも3分の1以下とする旨の定めがあること。

③ 財産の贈与者、法人の設立者、社員若しくは役員等又

はこれらの者の親族等に対し、特別な利益を与えていないこと。

④　定款等において、解散時の残余財産の帰属先が国や公益法人に帰属する旨の定めがあること。

⑤　法令を遵守していること。


## 2　財産の移転をした個人への課税

　個人が財産を一般社団法人に贈与した場合、その財産が譲渡所得の基因となる財産（株式や不動産等）のときは、贈与した時の時価で一般社団法人に譲渡したものとして譲渡所得税が課税されます（住民税も含め利益の20.315％）。

　なお、贈与を受けた法人が国税庁長官の承認を受けた公益法人等の場合は、上記の譲渡所得税が課税されない（非課税）ことになります。㊟

㊟　贈与された財産が公益目的事業に直接利用（株式の場合は、配当金が公益目的事業に利用されること）される前に要件を満たさないとして国税庁長官の承認が取消された場合は、贈与者（個人）に譲渡所得税が課税されます。贈与された財産が公益目的事業に直接利用された後に要件を満たさないとして国税庁長官の承認が取消された場合は、贈与を受けた法人に対して譲渡所得税が課税されます（個人とみなして課税）。


## 3　財産の移転をした個人に相続が発生した場合の課税

　前述のとおり、従来は相続税の課税はありませんでしたが、平成30年度税制改正で下記の内容が規定されました。

この改正により多くのケースで相続税の課税が行われるものと思われます。

【改正内容】

　特定一般社団法人等の理事（当該法人の理事でなくなった日から5年を経過していない者を含みます。）が死亡した場合には、当該特定一般社団法人等がその死亡した理事（被相続人）から、次の算式で計算した金額を遺贈により取得したものとみなして、特定一般社団法人等に相続税が課税されます。

$$\frac{被相続人の相続開始時点の特定一般社団法人等の純資産額}{被相続人の相続開始時点の同族理事の数に1を加えた数 ⒤}$$

⒤　相続開始時点では被相続人は同族理事ではなくなっているため1を加えています。

**（特定一般社団法人等）**

　一般社団法人等であって、次のいずれかを満たすもの

①　相続開始の直前において、理事総数のうち同族理事⒤の占める割合が1/2を超えること。

②　相続開始前5年以内において、理事総数のうち同族理事⒤の占める割合が1/2を超える期間の合計が3年以上あること。

⒤　一般社団法人等の理事のうち、被相続人、その配偶者又は3親等内の親族その他の被相続人と政令で定める特殊の関係のある者。

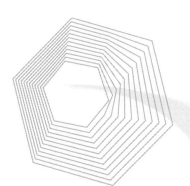

# 社長から後継者への
# 事業承継対策(納税猶予制度)

## 108 非上場株式等の納税猶予制度とは？

**Q** 平成30年度の税制改正で、非上場株式についての税金の支払が猶予される制度ができたようですが、どのようなものでしょうか。概要で良いので教えてください。

**A** 非上場株式等の納税猶予については、贈与税に関するもの（非上場株式等を贈与した場合）と相続に関するもの（非上場株式等を相続した場合）があります。

この制度は、平成21年度の税制改正で導入されました（一般措置）が、平成30年度の税制改正で、抜本的な改正が行われ、上述の一般措置に加え新たに特例措置が創設されました。そのため、現在では、従来からの一般措置と特例措置が並存している状況です。

なお、内容的には、特例措置の方が使い易く、実務的にもこちらを利用される方がほとんどですので、以下、その内容を中心に説明します。

現在、特例措置は事業承継対策の大きなメニューの一つとなっています。

### 納税猶予制度の概要

非上場株式等の相続税・贈与税の納税猶予制度は、後継者である受贈者・相続人等が、円滑化法(注)の認定を受けて

いる非上場会社の株式等を贈与又は相続等により取得した場合において、その非上場株式等に係る贈与税・相続税について、一定の要件のもとその納税を猶予するものです。

㊟　中小企業における経営の承継の円滑化に関する法律

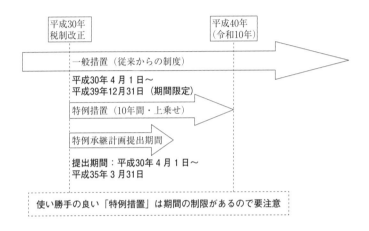

【特例措置と一般措置の比較】

| | 特例措置 | 一般措置 |
|---|---|---|
| 事前の計画策定等<br>（都道府県知事に提出） | 5年以内の特例承継計画の提出<br>平成30年（2018年）4月1日〜<br>平成35年（2023年）3月31日まで | 不要 |
| 適用期限 | 10年以内の贈与・相続等<br>平成30年（2018年）1月1日〜<br>平成39年（2027年）12月31日まで | なし |

| 対象株数 | 全株式 | 総株式数の最大3分の2まで |
|---|---|---|
| 納税猶予割合 | 100％（株式にかかる贈与税・相続税の全額が猶予されます。） | 贈 与：100％、 相続：80％ |
| 承継パターン | ・複数の株主から最大3人の後継者㈹ | ・平成29年までは、1人の株主から1人の後継者<br>・平成30年からは、複数の株主から1人の後継者 |
| 雇用確保要件 | 弾力化（実質的には廃止）<br>㈹ 雇用水準が要件を満たさない場合、認定経営革新期間（税理士等）の意見が記載されている報告書を提出します。 | 継承後5年間<br>平均8割の雇用維持が必要 |
| 事業の継続が困難な事由が生じた場合の免除 | あり | なし |
| 相続時精算課税の適用 | 60歳以上の者から20歳以上の者への贈与 | 60歳以上の者から20歳以上の推定相続人・孫への贈与 |

㈹ **承継パターン（特例措置）のイメージ図**

【複数の者から承継】　　　　　　　　【複数の者に承継】※最大3名

## 特例の対象となる非上場株式等

　非上場株式等とは、中小企業者（円滑化法第2条に規定する中小企業者・下図参照）である非上場会社の株式又は出資（医療法人の出資は含まれません。）をいいます。なお、この制度の対象となる非上場株式等は、**議決権の制限のないもの**に限られます。

| 業種目 | 資本金 | 従業員数 |
|---|---|---|
| 製造業その他 | 3億円以下 | 300人以下 |
| 製造業のうちゴム製品製造業（自動車又は航空機用タイヤ及びチューブ製造業並びに工業用ベルト製造業を除く） | 3億円以下 | 900人以下 |
| 卸売業 | 1億円以下 | 100人以下 |
| 小売業 | 5,000万円以下 | 50人以下 |
| サービス業 | 5,000万円以下 | 100人以下 |
| サービス業のうちソフトウェア業又は情報処理サービス業 | 3億円以下 | 300人以下 |
| サービス業のうち旅館業 | 5,000万円以下 | 200人以下 |

又は

## 109 非上場株式等を贈与した場合、その後相続があった場合、贈与せずに相続した場合の特例適用

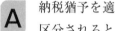

非上場株式等を贈与した場合、その後相続があった場合、贈与せずに相続した場合の納税猶予制度の適用について、場合ごとに説明してください。

**A** 納税猶予を適用するパターンは大きくは次の３つに区分されると思います。

○ 非上場株式の贈与を受け、贈与税の納税猶予を適用するパターン。

○ 非上場株式の贈与を受け、贈与税の納税猶予を適用後、贈与者が亡くなり、その後、相続税の納税猶予を適用するパターン

(注) 猶予されていた贈与税は免除されます。ただし、贈与は既に完了していますが、相続等で取得したものとして相続税の課税対象になります。

○ 非上場株式の相続を受け、相続税の納税猶予を適用するパターン。

# 1 贈与を受け贈与税の納税猶予を適用するパターン（特例措置）

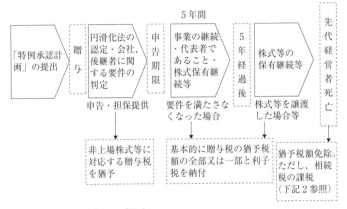

## (1) 特例承認計画の提出

　会社の後継者や承継時までの経営見通しなどを記載した「特例承継計画」を策定し、認定経営革新等支援機関（税理士、商工会、商工会議所等）の所見を記載の上、平成35年（2023年）3月31日までに都道府県知事に提出し、その確認を受ける必要があります。

(注)　平成35年（2023年）3月31日までの贈与については、贈与後の承認計画を提出することも可能です。

## (2) 必要な贈与株数

　この制度の適用を受けるためには、先代経営者等である贈与者から、全部又は一定数以上の非上場株式等の贈与を受ける必要があります。具体的にはQ115を参照してください。

(3)　都道府県知事の円滑法の認定、贈与税申告書の提出

① 　会社の要件、後継者（受贈者）の要件、先代経営者等
（贈与者）の要件を満たしていることについての都道府
県知事の「円滑化法の認定」(注)を受ける必要があります。

　　各要件の具体的内容については、Q110を参照してく
ださい。

(注) 　円滑化法（中小企業における経営の承継の円滑化に関
する法律）の認定を受けるためには、贈与を受けた年の
翌年の1月15日まで（申告期限の2か月前まで）にその
申請を行う必要があります。

② 　贈与税の申告期限までに、この制度の適用を受ける旨
を記載した贈与税の申告書及び一定の書類を税務署へ提
出するとともに、納税が猶予される贈与税額及び利子税
の額に見合う担保を提供する必要があります。

(4)　特例承認計画、円滑化法の認定の具体的内容・手続き

　会社の主たる事務所が所在する都道府県の担当課（P321
参照）で確認することができます。


2　贈与税の納税猶予適用後、贈与者が死亡し、相続税の
　納税猶予を適用するパターン（特例措置）

(1)　贈与税の納税猶予額の免除とみなし相続

　上記1で説明した非上場株式等についての贈与税の納税
猶予を適用した後、贈与者が死亡した場合は、贈与税の納
税猶予税額については免除されます。一方、贈与を受けた
非上場株式等については、既に贈与を受けていますが、相

続又は遺贈により取得したものとみなして、贈与時の価額により他の相続財産（贈与者の相続財産）と合算して相続税の対象となります。

## (2) 相続税の納税猶予制度の適用

　上記(1)の相続又は遺贈により取得したものとみなされた非上場株式等について、都道府県知事の「円滑化法の確認」（認定とは相違・認定より条件緩和）を受け、一定の要件を満たす場合、相続税の納税猶予が適用できます。

（注１）「円滑化法の確認」の具体的な要件、手続きについては、会社の主たる事務所が所在する都道府県の担当課（P321参照）で確認できます。

（注２）「円滑化法の確認」を受けるためには、相続開始後８か月以内（申告期限の２か月まで）にその申請を行う必要があります。

## 【イメージ図・贈与税相続へ】

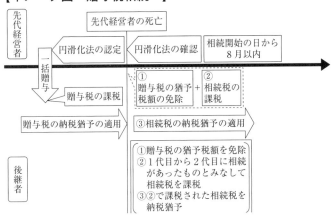

なお、贈与税の納税猶予の適用を受けた後の相続であれば、相続開始が特例措置の適用期間経過後であっても、相続税の納税猶予を適用できます。

### (3)　相続税の申告書の提出等

相続税の申告期限までに、「非上場株式等の贈与者が死亡した場合の相続税の納税猶予及び免除」の適用を受ける旨を記載した相続税の申告書及び一定の書類を税務署に提出するとともに、納税が猶予される相続税額及び利子税の額に見合う担保を提供する必要があります。

---

**【株券を発行していない場合の担保提供について】**

　納税猶予の適用を受けるための担保については、対象会社の株式を担保に提供することが一般的です。ここで、対象会社が株券不発行会社の場合は「税務署長が質権を設定することについて承諾した旨を記載した書類」（国税ホームページ参照）を提出することになります（改めて株券を発行する必要はありません）。

---

## 3 相続を受け相続税の納税猶予を適用するパターン（特例措置）

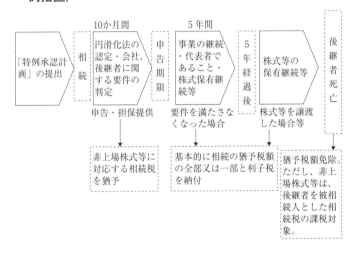

### (1) 特例承認計画の提出

　会社の後継者や承継時までの経営見直し等を記載した「特例承継計画」を策定し、認定経営革新等支援機関（税理士、商工会、商工会議所等）の所見を記載の上、平成35年（2023年）3月31日までに都道府県知事に提出し、その確認を受ける必要があります。

（注）平成35年（2023年）3月31日までの相続については、相続後に承認計画を提出することも可能です。

### (2) 必要な相続等の株数

　この制度の適用を受けるためには、先代経営者等である被相続人から、全部又は一定数以上に非上場株式等の相続又は遺贈を受ける必要があります。具体的にはQ113を参

照してください。

(3) **都道府県知事の円滑化法の認定、相続税申告書の提出**

① 会社の要件、後継者（相続人・受遺者）の要件、先代経営者等（被相続人）の要件を満たしていることについての都道府県知事の「円滑化法の認定」を受ける必要があります。

　(注) 円滑化法の認定を受けるためには、相続開始後8カ月以内（申告期限の2か月前まで）にその申請を行う必要があります。

② 相続税の申告期限までに、この制度の適用を受ける旨を記載した相続税の申告書及び一定の書類を税務署へ提出するとともに、納税が猶予される贈与税額及び利子税の額に見合う担保を提供(注)する必要があります。

　(注) 株式の担保提供についてはP318参照。

③ 認定を受けるためには、認定申請時までに適用を受けようとする株式等について、遺産分割協議が済んでいる必要があります。

(4) **特例承認計画、円滑化法の認定の具体的内容・手続き**

会社の主たる事務所が所在する都道府県の担当課（P321参照）で確認することができます。


（参考） 円滑化法の認定等に関する窓口について（国税庁ホームページより）

法人版事業承継税制の適用を受けようとしている方、又は、適用を受けている方で、贈与税又は相続税の申告書・

　納税猶予の継続届出書等に添付して提出する「中小企業における経営の承継の円滑化に関する法律施行規則」に基づく認定、確認及びそれに係る申請書・報告書の提出に関する窓口は会社の主たる事務所が所在する都道府県です。

　また、特例継承計画の提出に関する窓口についても会社の主たる事務所が所在する都道府県になります。

## 〈各都道府県のお問合せ先〉　　　　　　　平成31年4月1日現在

| 北海道 | 経済部地域経済局<br>中小企業課 | 011-204-5331 | 滋賀県 | 商工観光労働部<br>中小企業支援課 | 077-528-3732 |
|---|---|---|---|---|---|
| 青森県 | 商工労働部<br>地域産業課<br>創業支援グループ | 017-734-9374 | 京都府 | 商工労働観光部<br>ものづくり振興課 | 075-414-4851 |
| 岩手県 | 商工労働観光部<br>経営支援課 | 019-629-5544 | 大阪府 | 商工労働部<br>中小企業支援室<br>経営支援課 | 06-6210-9490 |
| 宮城県 | 経済商工観光部<br>中小企業支援室 | 022-211-2742 | 兵庫県 | 産業労働部<br>産業振興局<br>経営商業課 | 078-362-3313 |
| 秋田県 | 産業労働部<br>産業政策課 | 018-860-2215 | 奈良県 | 産業振興総合センター<br>創業・経営支援部<br>経営支援課 | 0742-33-0817 |
| 山形県 | 商工労働部<br>中小企業振興課 | 023-630-2359 | 和歌山県 | 商工観光労働部<br>商工労働政策局<br>商工振興課 | 073-441-2740 |
| 福島県 | 商工労働部　経営金融課 | 024-521-7288 | 鳥取県 | 商工労働部　企業支援課 | 0857-26-7453 |
| 茨城県 | 産業戦略部<br>中小企業課 | 029-301-3560 | 島根県 | 商工労働部<br>中小企業課 | 0852-22-5288 |
| 栃木県 | 産業労働観光部<br>経営支援課 | 028-623-3173 | 岡山県 | 産業労働部<br>経営支援課 | 086-226-7353 |
| 群馬県 | 産業経済部　商政課 | 027-226-3339 | 広島県 | 商工労働部<br>経営革新課 | 082-513-3370 |
| 埼玉県 | 産業労働部<br>産業支援課 | 048-830-3910 | 山口県 | 商工労働部<br>経営金融課 | 083-933-3180 |
| 千葉県 | 商工労働部<br>経営支援課 | 043-223-2712 | 徳島県 | 商工労働観光部<br>商工政策課 | 088-621-2322 |
| 東京都 | 産業労働局<br>商工部　経営支援課 | 03-5320-4785 | 香川県 | 商工労働部<br>経営支援課 | 087-832-3345 |

| | | | | | |
|---|---|---|---|---|---|
| 神奈川県 | 産業労働局<br>中小企業部<br>中小企業支援課<br>(かながわ中小企業<br>成長支援ステーショ<br>ン) | 046-235-5620 | 愛媛県 | 経済労働部<br>産業支援局経営支援<br>課 | 089-912-2480 |
| 新潟県 | 産業労働部<br>創業・経営支援課 | 025-280-5240 | 高知県 | 商工労働部<br>経営支援課 | 088-823-9697 |
| 富山県 | 商工労働部<br>経営支援課 | 076-444-3248 | 福岡県 | 商工部<br>中小企業振興課 | 092-643-3425 |
| 石川県 | 商工労働部<br>経営支援課 | 076-225-1522 | 佐賀県 | 産業労働部<br>経営支援課 | 0952-25-7182 |
| 山梨県 | 産業労働部<br>企業立地・支援課 | 055-223-1541 | 長崎県 | 産業労働部<br>経営支援課 | 095-895-2616 |
| 長野県 | 産業労働部<br>産業立地・経営支援<br>課 | 026-235-7195 | 熊本県 | 【製造業以外】商工<br>観光労働部<br>商工労働局<br>商工振興金融課 | 096-333-2316 |
| 岐阜県 | 商工労働部<br>商業・金融課 | 058-272-8389 | | 【製造業】商工観光<br>労働部<br>新産業振興局<br>産業支援課 | 096-333-2319 |
| 静岡県 | 経済産業部<br>商工業局<br>経営支援課 | 054-221-2807 | 大分県 | 商工労働部<br>経営創造・金融課 | 097-506-3226 |
| 愛知県 | 経済産業局<br>中小企業部<br>中小企業金融課 | 052-954-6332 | 宮崎県 | 商工観光労働部<br>商工政策課<br>経営金融支援室 | 0985-26-7097 |
| 三重県 | 雇用経済部<br>中小企業・サービス<br>産業振興課 | 059-224-2447 | 鹿児島県 | 商工労働水産部<br>経営金融課 | 099-286-2944 |
| 福井県 | 【建設業、商業、サー<br>ビス業等】<br>産業労働部<br>産業政策課 | 0776-20-0367 | 沖縄県 | 商工労働部<br>中小企業支援課 | 098-866-2343 |
| | 【製造業等】<br>産業労働部地域産<br>業・技術振興課 | 0776-20-0370 | | | |

## 110 納税猶予（特例措置）を適用するための要件は？

**Q** 納税猶予（特例措置）を受ける場合、会社、後継者、先代経営者には要件があるようですが、その内容を贈与、相続の場合に応じて教えてください。

**A** 会社の要件は贈与、相続ともに変わらず、上場会社等が対象から除かれています。また、後継者及び先代経営者については、贈与と相続では幾分相違があります。

### 贈与税の納税猶予の場合

#### (1) 会社の主な要件

次の会社のいずれにも該当しないこと

① 上場会社

② 中小企業者に該当しない会社

③ 風俗営業会社

(注) 風俗営業会社とは、風俗営業等の規制及び業務の適正化等に関する法律第2条第5項に規定する性風俗関連特殊営業に該当する事業を含む会社です。

なお、バー、パチンコ、ゲームセンターなどは、風営法の規制対象事業ですが、性風俗関連特殊営業ではありませんので、認定要件を満たします。

④ 資産管理会社（一定の要件を満たすものを除きます。）(注)

(注) 「資産管理会社」とは、有価証券、自ら使用していない不動産、現金・預金等の特定の資産の保有割合が総額の70%以上の会社（資産保有型会社）やこれらの特定の資産からの運用収入が総収入金額の75%以上の会社（資産運用型会社）をいいます。

　資産管理会社であっても納税猶予の適用ができるケースについては、Q114を参照してください。

## (2) 後継者である受贈者の主な要件

贈与の時において

① 会社の代表権を有していること

② 20歳以上であること

③ 役員の就任から3年以上経過していること

④ 後継者及び後継者と特別の関係ある者(注)で総議決権数の50%超の議決権数を保有することとなること

(注) 親族、50%超の議決権を有する法人等

⑤ 後継者の有する議決権数が、次のイ又はロに該当すること

　イ　後継者が1人の場合

　　後継者と特別の関係のある者の中で最も多くの議決権数を保有することとなること

　ロ　後継者が2人又は3人の場合

　　総議決権数の10%以上の議決権数を保有し、かつ、後継者と特別の関係のある者（他の後継者を除きます。）の中で最も多くの議決権数を保有することとなること（事例113参照）

## (3) 先代経営者等である贈与者の要件

① 会社の代表権を有していたこと

② 贈与の直前において、贈与者及び贈与者と特別の関係がある者で総議決権数の50％超の議決権数を保有し、かつ、後継者を除いたこれらの者の中で最も多くの議決権数を保有していたこと

③ 贈与時において、会社の代表権を有していないこと

※贈与の直前において、既に特例措置の適用を受けている者がいる場合には、上記①、②の要件は不要になります（③の要件のみ）。先代経営者の配偶者が贈与するようなケースです。

### 相続税の納税猶予の場合

## (1) 会社の主な要件

上述の贈与と同じです。

## (2) 後継者である相続人等の主な要件

① 相続開始の翌日から５か月を経過する日において会社の代表権を有していること

② 相続開始の時において、後継者及び後継者と特別の関係のある者(注)で議決権総数の50％超の議決権を保有することとなること

(注) 親族、50％超の議決権を有する法人等

③ 相続開始の時において後継者が有する議決権数が、次のイ又はロに該当すること

イ 後継者が１人の場合

　後継者と特別な関係のある者の中（既に贈与税の納

税猶予を適用している者を除く）で最も多くの議決権数を保有することとなること

ロ　後継者が2人又は3人の場合

総議決権数の10％以上の議決権数を保有し、かつ、後継者と特別の関係にある者（他の後継者を除きます。）の中で最も多くの議決権数を保有することとなること（事例113参照）

④　相続開始の直前おいて、会社の役員であること（被相続人が60歳未満で死亡した場合を除きます。）

### (3)　先代経営者等である被相続人の主な要件

①　会社の代表権を有していたこと

②　相続開始直前において、被相続人及び被相続人と特別の関係のある者で総議決権数の50％超の議決権数を保有し、かつ、後継者を除いたこれらの者の中で最も多くの議決権数を保有していたこと

※相続開始の直前において、既に事業承継税制の適用を受けている者がある場合等には、上の要件は不要となります。先代経営者の配偶者が被相続人であるようなケースです。

# 111 先代経営者が後継者に贈与できる回数は何度でもよい？

**Q** 先代経営者が後継者に非上場株式等を贈与する場合、何回かに分けて贈与することは可能でしょうか。また、後継者が複数いる場合はどうでしょうか。

**A** 一度特例措置の適用をし贈与をしている先代経営者は、再度、この特例を適用し贈与はできません（1回限り）。なお、後継者が2人又は3人の場合は、同年中に限り、それぞれの後継者に別日に贈与することは可能です。

| 1回目の贈与 | 2回目の贈与 | 適用の可否 |
|---|---|---|
| X1年<br>先代経営者⇒**後継者A**<br>（特例措置の適用あり） | X2年<br>先代経営者⇒**後継者A**<br>（特例措置の適用なし） | X1年に特例の適用を受ける贈与をしているため、X2年は**適用不可** |
| X1年<br>先代経営者⇒**後継者A**<br>（特例措置の適用あり） | X2年<br>先代経営者⇒**後継者B**<br>（特例措置の適用なし） | X1年に特例の適用を受ける贈与をしているため、X2年は**適用不可** |
| X1年<br>先代経営者⇒**後継者A**<br>（特例措置の適用あり） | X1年<br>先代経営者⇒**後継者B**<br>（特例措置の適用なし） | 既に後継者Aに対し、特例の適用を受ける贈与をしているため、X1年の2回目の贈与は**適用不可** |
| X1年<br>先代経営者⇒**後継者A**<br>（特例措置の適用あり） | X1年<br>先代経営者⇒**後継者B**<br>（特例措置の適用あり） | 後継者が複数の場合は、同年中の贈与に限り、別日の贈与でも適用可能。したがって、先代経営者⇒後継者Bの贈与も**適用可能** |

## 112 会社の代表権を持たない者から贈与や相続を受ける期限は？

**Q** 私はX社（非上場会社）の取締役ですが、父（代表取締役）から株式の贈与（20,000株・全株）を受け、贈与税の納税猶予を適用しました。

今後、母からも贈与を受けようと考えていますが、いつまでに贈与を受ければよいでしょうか。母からの贈与についても、贈与税の納税猶予を受けたいと思っています。また、母から贈与を受けずに相続した場合、相続税の納税猶予は適用できるでしょうか。

```
父 ──株の贈与──→ 私  （納税猶予適用済み）

母 ──株の贈与・相続──→ 私  （納税猶予適用予定）
```

**A** 先代経営者（ご質問のケースでは父）からの贈与があった日から第1種認定有効期限(注)までに贈与税又は相続税の申告期限が到来する贈与又は相続（ご質問のケースでは母からの贈与又は相続）が対象となります。

(注) 先代経営者から贈与・相続により非上場株式等が移転された場合の認定に関する期限（下記の例参照）

先代経営者以外の者（質問のケースでは母）から贈与・相続により非上場株式等が移転された場合の認定に関する期限は第2種認定有効期限といいます。

以下、先代経営者からの贈与が平成31年4月1日にあっ

328

た場合の例を図示します。

① 先代経営者以外からの贈与は「先代経営者からの贈与の日」から「第一種認定の有効期間の末日」（平成37年3月15日）までに<u>申告期限の到来するもの</u>（36年までの贈与）が対象

…下図にあるように、37.1.1に贈与した場合、38.3.15が申告期限となるため対象外となります。

② 先代経営者以外からの相続は、「先代経営者の贈与日」から「第一種認定の有効期間の末日」（平成37年3月15日）までに<u>申告期限の到来するもの</u>（36.5.15までの相続）が対象

…下図にあるように36.5.16に相続が発生した場合、37.3.16が申告期限となるため対象外となります。

※ 年号は平成で統一しています。平成32年は令和2年となります。

## 113 後継者は贈与（相続）を受けた時点で筆頭株主にならなければならない？

**Q** 私と弟は、父が経営する会社（X社）を継ぐ予定ですが、後継者は、贈与や相続を受けた時点で一番多くの株式（議決権）を保有しなければならないとの話を聞きました。贈与や相続については、私の方が多くの株式を取得する予定ですが、弟も納税猶予の特例を適用できるのでしょうか。

また、私には資産管理会社がありますが、そこでもX社の株式を所有しています。このような場の株式数（議決権数）の算定はどのように行うのでしょうか。

（注）　X社は株式数と議決権数が一致しています。

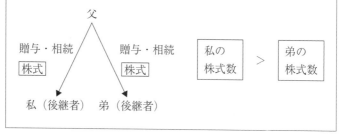

**A** 議決権の要件は後継者が1人の場合と、複数の場合とで異なります。具体的には、下記の例を参照してください。

また、議決権の判定は、直接保有してる割合で判断し、間接保有している割合は考慮しません。そのため、例えば

後継者が100％議決権を有する会社が対象会社（認定を受けようとする会社）の議決権を有していても、その議決権数は後継者の有する議決権数には含まれません。

### 後継者１人の場合

　贈与や相続を受けた時点で同族関係者の中で最も多くの議決権数を有していることが必要です。㊟

㊟　仮に同族関係者の中に後継者と同じ割合の議決権数を有する株主がいても後継者は最も多くの議決権数を有している株主となります。

　　なお、議決権数の判定は直接保有している割合で判定します。

### 後継者複数（２人又は３人）の場合（ご質問のケース）

　各後継者が10％以上の議決権を有し、かつ、各後継者が同族関係者のうちいずれの者が有する議決権の数をも下回らないこと㊟が必要です。

㊟　仮に同族関係者の中に後継者と同じ割合の議決権数を有する株主がいても後継者は要件を満たしていることになります。

〔例〕

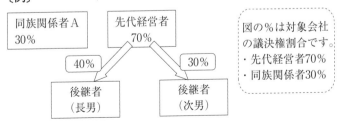

上記の例では、長男及び次男は、10%以上議決権を有し、かつ、各後継者が同族関係者のうちいずれの者が有する議決権の数をも下回らないことの要件を満たし、納税猶予を適用することができます。

　仮に父から長男、次男に贈与（又は父からの相続）があった時の議決権割合が、45%、25%とした場合、次男は同族関係者Aの議決権割合（30%）を下回りますから納税猶予の適用がないことになります。

## 株式を間接保有しているケース

　下記の例で説明します。

〔例〕

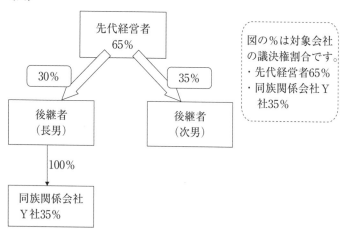

　長男は直接保有分（30%）＋長男の関係会社保有分（35%）で合計65%を保有していますが、間接保有を含めない（条文の規定上「当該個人が有する」とされていま

す。）ため、長男の直接保有分（30％）のみで判定します。そうすると、長男は、10％以上議決権を有していますが、同族関係者のうちいずれの者が有する議決権をも下回らないことの要件を満たしていません（Y社が35％保有）。そのため税猶予を適用することができません。

　一方、次男については、議決権を10％以上有し、他の同族関係者が保有する割合を下回りません（長男が間接保有する同族関係会社Y社・35％と同じ）ので要件を満たすことになり、納税猶予を適用することができます。

　株式を関係会社が保有している場合は、注意が必要です。

# 資産管理型会社に該当すると納税猶予は適用できない？

**Q** 私が代表を務める会社の株式について、贈与税や相続税の納税猶予の適用を考えているのですが、会社の所有資産には不動産や有価証券が多く含まれます。このような場合、納税猶予の適用はできないのでしょうか。

**A** 原則的には、資産管理型会社（資産保有型会社、資産運用型会社）については、納税猶予の適用はできません。ただ、一定の要件を満たす場合は、資産管理型会社に該当しても納税猶予が適用されます。

以下、資産保有型会社、資産運用型会社、一定の要件（納税猶予が認められる場合）の順で説明します。

### 資産保有型会社

下記の割合が70％以上の会社をいいます。

$$\frac{対象会社の特定資産（注）の帳簿価額の総額 + X}{対象会社の資産の帳簿価額の総額 + X} \geqq 70\%$$

X：過去5年間に特例経営承継相続人等及び同族関係者に対して支払われた配当や過大役員給与等に相当する金額

（注） 特定資産は、下記のものをいいます。

① 国債証券、地方債証券、株券その他の金融商品取引法第2条第1項に規定する有価証券と他の持分会社の持分等

② 対象会社が自ら使用していない不動産（第三者へ賃貸しているものを含みます。）

③ ゴルフ場その他の施設の利用に関する権利

④ 絵画、彫刻、工芸品その他の有形の文化的所産である動産、貴金属及び宝石

⑤ 現預金、対象会社の代表者及び同族関係者（外国会社を含みます。）に対する貸付金や未収金

## 資産運用型会社

総収入金額に占める特定資産の運用収入の合計額に割合が75％以上の会社をいいます。

$$\frac{特定資産の運用収入の合計額}{総収入金額} \geqq 75\%$$

## 一定の要件（納税猶予が認められる場合）

次の全ての要件に該当した場合は、資産管理型会社（資産保有型会社、資産運用型会社）であっても納税猶予の適用は可能です。

① 相続の日まで3年以上継続して、商品販売等（商品の販売、資産の貸付け（同族関係者に対する貸付を除きます。）又は役務の提供（例えばテナントビル、アパート等の貸付けや管理等も含まれます。）で継続して対価を得て行われるもの）の行為をしていること。

② 常時使用する従業員（経営承継相続人等及びその者と生計を一にする親族以外の者）の数が5人以上であること。

③ 事務所、店舗、工場などの固定施設を所有するか、賃借していること。

## 115 贈与が必要な株数の計算はどうする？

 贈与税の納税猶予制度を適用する場合、贈与する株数に要件があるようですが、どのように決めればよいのでしょうか。

**A** 後継者が1人の場合と2人又は3人の場合に応じた一定数以上の非上場株式等を取得する必要があります。

後継者が1人の場合

次の⑴又は⑵の区分に応じた株数
⑴ a≧b×2／3－cの場合…「b×2／3－c」以上の株数
⑵ a＜b×2／3－cの場合…「a」の全ての株数

後継者が2人又は3人の場合

次の全てを満たす株数
⑴ d≧b×1／10
⑵ d＞贈与後における先代経営者等の有する会社の非上場株式等の数

a：贈与直前において先代経営者が有していた会社の非上場株式等の数

b：贈与直前の会社の発行株式等の総数(注)

(注)　議決権に制限のないものに限ります。

c：後継者が贈与の直前において有していた会社の非上場株式等の数

d：贈与後における後継者の有する会社の非上場株式等の数

(例)

## 1　後継者1人の場合

前提：a…18,000株　b…30,000株　c…5,000株

**後継者が贈与により取得が必要な株数**

18,000株≧30,000株2／3−5,000株

∴15,000株以上

(注)　計算上、取得が必要な株数に端数が生じる場合は切上げ（15,001.5→15,002）

## 2　後継者2人の場合

前提：a…18,000株　b…30,000株　c1…5,000株

c2…3,000株

**後継者が贈与により取得が必要な株数**

30,000株×1／10＝3,000株

∴c1（5,000株）、c2（3,000株）、は既に条件となる上記株式数（3,000株）を所有しているので、贈与後に先代経営者より多い株式数となる贈与（もう一つの条件）を行えばよいことになります。

338

　例えば、ｃ１に4,000株（受贈後9,000株）、ｃ２に6,000株（受贈後9,000株）に贈与されると先代経営者の所有株式数は8,000株（18,000株－4,000株－6,000株）となり要件を満たします。

## 116 納税猶予が打ち切られるケース（贈与税）

**Q** 贈与税の納税猶予を適用しても、その後、認定が取消され猶予が打ち切りとなり、納税が必要となるケースにあるようです。その内容について教えてください。

**A** 申告後も引き続きこの制度の適用を受けた非上場株式等を保有すること等により、納税の猶予が継続されます。

ただし、この制度の適用を受けた非上場株式等を譲渡するなど、一定の場合（確定事由）には、納税が猶予されている贈与税の全部または一部について利子税と併せて納付する必要があります。

納税が猶予されている贈与税を納付する必要がある主な場合は下記のとおりです。

(1) 下記の「**A**」に該当した場合には、納税が猶予されている贈与税の全額と利子税を併せて納付します。この場合、この制度の適用は終了します。

(2) 下表の「**B**」に該当した場合には、納税が猶予されている贈与税のうち、譲渡等した部分に対応する贈与税と利子税を併せて納付します。

(注) 譲渡等した部分に対応しない贈与税については、引き続き

納税が猶予されます。

| 納税猶予税額を納付する必要がある主な場合 | （特例）経営贈与承継期間内 | （特例）経営贈与承継期間内の経過後 |
|---|---|---|
| この制度の適用を受けた非上場株式等についてその一部を譲渡等（「免除対象贈与」を除きます。）した場合 | A | B |
| 後継者が会社の代表権を有しなくなった場合 | A（※1） | C（※2） |
| 会社が資産管理会社に該当した場合（一定の要件を満たす会社を除きます。） | A | A |
| 一定の基準日（※4）における雇用の平均が、「贈与時の雇用8割」を下回った場合 | C（※2、3）<br>（一般措置はA） | C（※2） |

※1　やむを得ない理由（Q118参照）がある場合を除きます。

　　(注)　認定経営革新等支援機関の意見が記載されているものに限ります。

※2　「C」に該当した場合には、引き続き納税が猶予されます。

※3　円滑化省令では、下回った理由等を記載した報告書※を都道府県に提出し、確認を受けることとされています。

　　なお、その報告書及び確認書の写しは、継続届出書に添付することとされています。

※4　雇用の平均は、（特例）経営贈与承継期間の末日に判定します。

参考

①　納税が猶予されている贈与税の全部又は一部と利子税

は、納税猶予期限の確定事由に該当することとなった日から2か月を経過する日までに納付する必要があります。

② （特例）経営贈与承継期間とは、一般的には5年間ですが、正確にはこの制度を適用する贈与税の申告期限の翌日から、次の1、2のいずれか早い日と後継者（受贈者）若しくは先代経営者（贈与者）の死亡日の前日のいずれか早い日までの期間をいいます。

1 後継者（受贈者）の最初のこの制度を適用する贈与税の申告期限の翌日以後5年を経過する日

2 後継者（受贈者）の最初の「非上場株式等についての相続税の納税猶予及び免除」を適用する相続税の申告期限の翌日以後5年を経過する日

# 117 納税猶予が打ち切られるケース（相続税）

**Q** 相続税の納税猶予を適用しても、その後、認定が取消され猶予が打ち切りとなり、納税が必要となるケースにあるようです。その内容について教えてください。

**A** 申告後も引き続きこの制度の適用を受けた非上場株式等を保有すること等により、納税の猶予が継続されます。

　ただし、この制度の適用を受けた非上場株式等を譲渡するなど、一定の場合（確定事由）には、納税が猶予されている贈与税の全部または一部について利子税と併せて納付する必要があります。

　納税が猶予されている相続税の全部又は一部と利子税は、の税猶予期限の確定事由に該当することとなった日から2か月を経過する日までに納付する必要があります。

　納税が猶予されている相続税を納付する必要がある主な場合は下記のとおりです。

(1)　下記の「A」に該当した場合には、納税が猶予されている相続税の全額と利子税を併せて納付します。この場合、この制度の適用は終了します。

(2)　下表の「B」に該当した場合には、納税が猶予されて

いる相続税のうち、譲渡等した部分に対応する相続税と利子税を併せて納付します。

(注) 譲渡等した部分に対応しない相続税については、引き続き納税が猶予されます。

| 納税猶予税額を納付する必要がある主な場合 | （特例）経営承継期間内 | （特例）経営承継期間内の経過後 |
|---|---|---|
| この制度の適用を受けた非上場株式等についてその一部を譲渡等（「免除対象贈与」を除きます。）した場合 | A | B |
| 後継者が会社の代表権を有しなくなった場合 | A（※1） | C（※2） |
| 会社が資産管理会社に該当した場合（一定の要件を満たす会社を除きます。） | A | A |
| 一定の基準日（※4）における雇用の平均が、「相続時の雇用8割」を下回った場合 | C（※2、3）<br>（一般措置はA） | C（※2） |

※1 やむを得ない理由（Q118参照）がある場合を除きます。
　　(注) 認定経営革新等支援機関の意見が記載されているものに限ります。
※2 「C」に該当した場合には、引き続き納税が猶予されます。
※3 円滑化省令では、下回った理由等を記載した報告書※を都道府県に提出し、確認を受けることとされています。
　　なお、その報告書及び確認書及び確認書の写しは、継続届出書に添付することとされています。
※4 雇用の平均は、（特例）経営承継期間の末日に判定します。

参考

① 　納税が猶予されている相続税の全部又は一部と利子税
　は、納税猶予期限の確定事由に該当することとなった日
　から2か月を経過する日までに納付する必要があります。
② 　（特例）経営承継期間とは、一般的には5年間ですが、
　正確にはこの制度を適用する相続税の申告期限の翌日か
　ら、次の1、2のいずれか早い日と後継者の死亡日の前
　日のいずれか早い日までの期間をいいます。
　1 　後継者の最初のこの制度を適用する相続税の申告期
　　限の翌日以後5年を経過する日
　2 　後継者の最初の「非上場株式等についての相続税の
　　納税猶予及び免除」を適用する相続税の申告期限の翌
　　日以後5年を経過する日

## 118 後継者が代表権を有しなくなっても猶予が打ち切りにならない場合とは？

**Q** 後継者が代表権を有しなくなっても、納税猶予（贈与税・相続税）が打ち切りとならないやむを得ない場合があるようですが、どのようなケースなのでしょうか。

**A** 後継者が、病気等で執務を行えなくなるようなやむを得ないケースも考えられ、そのような場合で、一定の理由（やむを得ない理由）に該当するときは、納税猶予は打ち切りとなりません。

### 打ち切りにならない場合

後継者が代表権を有しなくなっても納税猶予が打ち切りとならない「やむを得ない理由」とは、次に掲げる事由のいずれかに該当することになったことをいいます。

① 精神保健及び精神障害者福祉に関する法律の規定により精神障害者保健福祉手帳（障害等級が1級である者として記載されているものに限ります。）の交付を受けたこと。

② 身体障害使者福祉法の規定により身体障害者手帳（身体上の障害の程度が1級又は2級である者として記載されているものに限ります。）の交付を受けたこと

③ 介護保険法の規定による要介護認定（要介護状態区分

が要介護5に該当するものに限ります。）を受けたこと

④　上記①から③までに掲げる事由に類すると認められる

　こと

　「やむを得ない理由」は、上記①から④に限定されるた

め、個人都合や会社都合で代表を降りたようなケースでは、

納税猶予は打ち切りとなります。

# 119 会社が倒産したような場合、納税猶予はどうなる？

**Q** 納税猶予の適用を受けている対象会社が倒産したり、事業継続が困難となった場合、猶予の適用はどのようになるのでしょうか。

**A** 特例経営（贈与）承継期間経過後（一般的には5年後）で一定の場合、猶予されている納税額の全額又は一部が免除されます。

(注) 特例経営（贈与）承継期間内の場合は免除されません。

### 贈与の場合

(1) （特例）経営贈与承継期間の経過後において会社について破産手続開始決定などがあった場合(注)

> (注) （特例）経営贈与承継期間経過後に、民事再生計画の認可決定があった場合など、その時点における非上場株式等の価額に基づき、納税猶予税額の再計算を行い、再計算後の納税猶予税額で納税猶予を計算することができる場合があります（その差額は、免除されます）。

(2) 特例経営贈与承継期間の経過後に、事業の継続が困難な一定の理由が生じた場合において、会社について、譲渡・解散した場合

※ 一般措置にはありません。

### 相続の場合

(1) （特例）経営承継期間の経過後において会社について破産手続開始決定などがあった場合(注)

  (注) （特例）経営承継期間経過後に、民事再生計画の認可決定があった場合など、その時点における非上場株式等の価額に基づき、納税猶予税額の再計算を行い、再計算後の納税猶予税額で納税猶予を計算することができる場合があります（その差額は、免除されます）。

(2) 特例経営贈与承継期間の経過後に、事業の継続が困難な一定の理由が生じた場合において、会社について、譲渡・解散した場合

  ※　一般措置にはありません。

### 事業の継続が困難な事由が生じた場合の納税猶予額の免除について（特例措置）

特例経営（贈与）承継期間の経過後に、事業の継続が困難な一定の事由が生じた場合※１に特例措置を適用した非上場株式等の譲渡等をした場合には、その対価の額（譲渡等の時に相続税評価額の50％に相当する金額が下限になります。※２）を基に相続（贈与）税額等を再計算し、再計算した税額と直前配当金の金額と合計額が当初の納税猶予税額を下回る場合には、その差額は免除されます（再計算した税額は納付）。

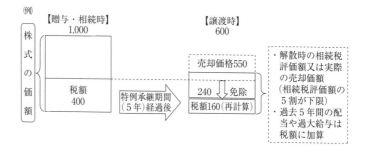

※1　①過去３年間のうち２年以上赤字の場合、②過去３年間のうち２年以上売上減の場合、③有利子負債≧売上６か月の場合、④類似業種の上場企業の株価が前年の株価を下回る場合、⑤心身の故障等により後継者による事業の継続が困難な場合（譲渡・合併のみ）。

※2　譲渡等から２年後において、譲渡等の時の雇用の半数以上が維持されている場合には、実際の対価の額に基づく税額との差額は、その時点で免除されます。

参考

○減免額の計算：特例（譲渡又は合併の対価の額＜その時の株式の相続税評価額の50％相当額の場合）

　…担保の提供を条件に、譲渡又は合併時に再計算した納付金額はいったん猶予され、譲渡又は合併後２年を経過する日において、一定の要件を満たす場合には、当該猶予されている額と再々計算後の納付金額との差額が免除されます。

# 120 納税猶予が打ち切られた場合の利子税の計算は？

**Q** 贈与税や相続税の納税猶予制度を適用した後、認定が取消され猶予が打ち切りとなった場合、利子税も併せて納付が必要とのことですが、どのような内容でしょうか。

**A** 現在、利子税については特例割合が適用されています。また、経営承継期間経過後に認定が取消された場合は、経営承継期間に対応する利子税は免除されます。

## 利子税の割合の特例

申告期限の翌日から納税猶予の期限までの期間（日数）に応じて原則として年3.6％の割合で利子税がかかります。

ただし、利子税の計算に当り、各年の特例基準割合（※）が7.3％に満たない場合は、以下のとおりとなります。

＜算式＞
3.6％×特例基準割合（※）÷7.3％
㊟　0.1％未満の端数切捨て

※　特例基準割合

各年の前々年の10月から前年の9月までの各月における銀行の新規の短期貸出約定平均金利の合計を12で除して得た割合

として各年の前年の12月15日までに財務大臣が告示する割合に、年１％(注)の割合を加算した割合

(注)　令和２年度税制改正で0.5%になる予定です。

> 財務大臣が告示する割合が0.6%の場合
> 3.6%×（0.6%＋１％(注)）÷7.3%＝0.7%

### 認定取消しと利子税

　経営承継期間内に納税猶予の認定が取消された場合は、利子税の負担が生じます。一方、経営承継期間後に納税猶予の認定が取消された場合は、経営承継期間内の利子税が免除されます。

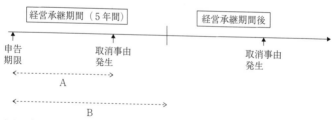

(1)　経営承継期間内の取消し…利子税の計算期間（A）に入る

(2)　経営承継期間後の取消し…経営承継期間（B）の利子税は免除

# 121 猶予される贈与税の計算（暦年課税・相続時精算課税の選択）

**Q** 贈与税の納税猶予制度を適用する場合、猶予税額の計算はどのようになるのでしょうか。また、どちらが有利なのでしょうか。

**A** 猶予される贈与税の計算は、暦年課税の計算、相続時精算課税の計算どちらも可能です。ただ、何らかの理由で納税猶予が打ち切られるリスクを考慮すると、一般的には、相続時精算課税を適用した方が税負担が少ないものと思われます。

以下、事例を基に解説します。

〔前提〕
　・後継者（甲）への贈与財産…3億円の非上場株式
　・贈与者（乙）の推定相続人は後継者甲のみ
　・贈与者（乙）の相続開始時の財産はゼロ

〔納税猶予の打ち切りがあった場合の課税〕
① 暦年課税のケース
　納税が必要な贈与税額＝（3億円－基礎控除110万円）
　　　　　×税率55％－控除額640万円＝<u>157,995,000円</u>
※ 上記の他利子税の負担が生じます。

② 相続時精算課税のケース

納税が必要な贈与税額＝（3億円－特別控除額2,500万
円）×税率20％＝5,500万円

※　上記の他利子税の負担が生じます。


〔相続時の課税〕

① 暦年課税のケース

相続財産がゼロのため、相続税はかかりません。

② 相続時精算課税のケース

相続税額＝（3億円－基礎控除3,600万円）×税率45％
－控除額2,700万円＝9,180万円

納付が必要な相続税額＝9,180万円－納付済みの贈与税
5,500万円＝3,680万円


〔納税額合計〕

① 暦年課税のケース…157,995,000円（＋利子税）

② 相続時精算課税のケース…5,500万円＋3,680万円＝
9,180万円
9,180万円（＋利子税）


参考　後継者が子等以外の場合の相続時精算課税の適用

相続税精算課税は、本来、子、孫等に対して贈与を行っ
た場合の制度ですが、平成30年度改正で、事業承継の円滑
化を図るため、子、孫等以外の者であっても相続時精算課
税の適用が可能となっています。

## 122 猶予される相続税の計算

相続税の納税猶予制度を適用する場合、猶予税額の計算はどのようになるのでしょうか。

**A** 後継者の相続した相続財産に対応する相続税額から、後継者が納税猶予の適用を受けた非上場株式等のみを相続したとした場合の相続税（猶予税額）を控除したものが相続税の納付税額となります。

以下、事例を基に解説します。

---

【前提】

① 相続人：甲（後継者）、乙

② 遺産額：10億円（内対象株式5億円）

③ 遺産分割：甲（対象株式5億円、その他1億円）
　　　　　　　乙（その他4億円）

---

**【相続税の計算】**

(1) 課税遺産総額＝10億円－4,200万円（基礎控除額）＝
9億5,800万円

(2) 法定相続分に応じた各取得金額＝9億5,800万円×
1／2＝4億7,900万円

各人ごとの相続税額＝4億7,900万円×50％－4,200万

円＝１億9,750万円

　　相続税総額＝１億9,750万円×２＝３億9,500万円

(3)　甲の相続税額＝３億9,500万円×６億円／10億円＝

　　２億3,700万円…①

　　　乙の相続税額＝３億9,500万円×４億円／10億円＝

　　１億5,800万円…②

**【納税猶予税額の計算】**

(1)　課税遺産総額（甲の相続するその他遺産１億円除く）

　　＝９億円－4,200万円（基礎控除額）＝８億5,800万円

(2)　法定相続分に応じた各取得金額＝８億5,800万円×

　　１／２＝４億2,900万円

　　　各人ごとの相続税額＝４億2,900万円×50％－4,200万

　　円＝１億7,250万円

　　相続税総額＝１億7,250万円×２＝３億4,500万円

(3)　甲の相続税額（猶予税額）＝３億4,500万円×５億円

　　／９億円＝１億9,166万円⑲…③

　　⑲　表示上１万円未満切り捨てています。

**【納付する相続税額】**

甲：２億3,700万円（上記①）－１億9,166万円（上記

　　③）＝4,534万円

乙：１億5,800万円（上記②）

# 123 親子以外の承継、複数の後継者の留意点

**Q** 納税猶予制度を適用して、親子以外に株式を贈与・遺贈する場合や、後継者が複数の場合の留意点があれば教えてください。

**A** 先代経営者に相続が発生した場合の相続申告において、株の贈与を受けた子以外の者も相続税の申告をする必要があることから、その内容を開示することになります。

また、後継者が複数の場合、その後継者に相続が発生した際に、納税猶予を適用できるのは、基本的に1人となります。

## 親子以外に株式を贈与した場合

(1) 例えば、先代経営者から甥（子以外の親族）が株式の贈与を受けた場合、その甥も相続税の申告が必要になりますので、甥に対して相続財産・債務の内容を開示する必要がでてきます。

親族以外の第三者が株式の贈与を受けた場合でも同様です。

(2) 上記(1)で先代経営者の家族（配偶者・子）と甥との関係が良くない場合は、トラブルの原因となります。

(3) 仮に先代経営者から贈与した株価が高い場合、その株

式を加算したところで相続税の計算をしますので、株式を相続していない配偶者や子の相続税の負担も重くなります（株式を加算することによる税率の上昇のため）。

## 複数の後継者に贈与した場合

例えば、長男と次男が贈与を受け、納税猶予（特例措置）を適用することは、各々要件を満たせば可能です。ただ、将来、長男と次男に相続が発生した場合、特例措置の期間が過ぎて従来の一般措置を適用するときには、相続人の要件は変更されていないので後継者は1人となり、また、後継者は筆頭株主である必要があります。そうすると、仮に長男が筆頭株主であった場合、長男の相続人は適用対象となりますが、次男の相続人は適用対象にならないものと考えられます。

# 124 非上場株式等の納税猶予制度を適用するかどうかのポイントは？

**Q** 私は非上場会社の社長をしていますが、今後の事業承継を考えて納税猶予の制度（特例措置）を利用するか否か迷っています。将来、条件を満たさなければ、猶予が打ち切られてしまう可能性もあり、判断する場合のポイントになるようなものがあれば教えてください。

**A** 以下、納税猶予の適用についての共通事項、適用を受けても効果が限定的な場合、留意事項の順で説明致します。

### 共通事項

(1) 納税猶予制度（特例措置）を適用した場合、株式等についてはその税額の100％全額が猶予されますので、非常に有利な制度であると考えられます。そのため、一度は、適用するか否かを検討することをお勧めします。

(2) 納税猶予制度（特例措置）は、期限が決まっており、かつ、相続はいつ発生するか分からないため、まずは、贈与税の納税猶予の適用を受け、その後、相続発生時に相続税の納税猶予に移行するといった方法が良いように思います。(注)

(注) 贈与時に納税猶予を適用していれば、その後、特例措

置の期限を過ぎても相続税の納税猶予を適用できます（Q109参照）。

(3) 納税猶予制度（特例措置）が仮に打ち切られた場合でも、現行の利子税は非常に低い（0.7%）ですので、負担額は限定的かと思われます(注)。

(注) 経営承継期間経過後に納税猶予が打ち切られた場合は、経営承継期間（5年間）分の利子税は免除となります（Q120参照）。

### 効果が限定的な場合

(1) 納税猶予制度（特例措置）を適用した場合、経営承継期間は毎年、その後は3年に1度、継続届出書を提出しなければなりません（事業を続ける限りずっと）。提出をしなかったり、遅れた場合は猶予されていた税額と利子税を納付する必要が生じます。

そのため、それらの手間や管理コスト等を考えると猶予税額があまり大きくない場合はメリットがあるとは言えないと思います。

(2) 対象会社が子会社（外国法人）の株式を所有している場合、猶予税額の算定上での対象会社の株価評価は子会社（外国法人）の株式を入れずに行います。そのため、子会社（外国法人）の株価が大きい場合は、結果として、対象会社の株価は低くなり（子会社の株価が反映されない）猶予される税額も小さくなります。

留意事項

(1)　将来的に資産管理型会社（Q114参照）に該当する可能性が高い会社(注)については、猶予税額や利子税の負担を考慮し、本制度を適用しないほうが良いかと思います。

　(注)　事業譲渡等を行い不動産賃貸会社に移行するケース等。

(2)　将来的に（特に経営承継期間内）組織再編（合併、分割等）を積極的に行う予定がある会社の場合は、納税猶予制度（特例措置）の継続について制限されるケースがありますので注意が必要です。

## 経営承継期間終了までに適用有無の最終判断？（利子税負担の免除）

　Q120でもご紹介しましたように、経営承継期間（5年間）経過後に納税猶予の認定が取り消された場合は、経営承継期間内の利子税が免除されます。言い方を変えれば、経営承継期間経過後直ぐに納税猶予の適用を止める決断（及び実行・取消事由の実行）をした場合は、利子税の負担をほとんどせずに本税（相続税）の負担だけで済みます。

　相続税の申告期限は、相続開始から10か月のため、その期間内で現金で納付するのか納税猶予を適用するのかを決定できないような場合も有り得ます。そのような場合は、一旦、納税猶予を適用し、5年経過後までに熟慮し最終決定するといったことも考えられます。

　なお、納税資金捻出のため、株式の発行法人に相続した株式を買い取ってもらうようなケースは、相続税の申告期限から3年を超えると特例（譲渡所得の特例）が適用できなくなります（Q95参照）ので注意が必要です。また、相続税の取得費加算（株式にかかった相続税を譲渡所得の計算上、経費とする特例）も同様の期間的な制限がありますので併せて注意が必要です。

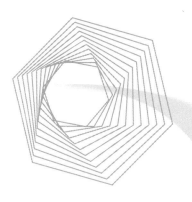

# 社長と生命保険

## 125 社長の相続税と納税資金の準備（個人契約）

**Q**　私は同族会社の社長をしておりますが、財産は自分の会社の株式が中心で、このままで相続が開始すれば相続人は納税が困難な状態です。納税資金を生命保険で準備する方法があるという話を時々耳にするのですが、どのようにすればよいのでしょうか。

**A**　一般的には被相続人を被保険者とした生命保険に加入することになります。

保険の種類は終身保険が最適だと思います。つまり、いつ相続が発生しても対応が可能だからです。

相続税を納付するために財産を処分するのには時間もかかりますし、また、所得税や住民税の負担も考えられます。相続した株式を物納するケースもあり得ますが収納条件が厳しかったり、場合によっては収納されないようなこともありますのでなかなか大変です。

そのような場合、生命保険への加入は有効な手段となります。

相続税の納税資金を準備するための保険の契約形態には、次のようなものがあります。

## 納税資金準備のための契約形態

### (1) 相続税の対象となる生命保険

　被相続人が健康で生命保険に加入することが可能であれば、通常は相続税の対象となる生命保険になります。

（契約形態）

| 契約者 | 被保険者 | 死亡保険金受取人 |
|---|---|---|
| 被相続人 | 被相続人 | 相続人 |

① この死亡保険金は相続財産とみなされて相続税が課税されます。

② 死亡保険金から「500万円×法定相続人数」の金額を相続財産から控除できます。つまり、その分の金額は相続税の対象になりません。

③ 死亡保険金は受取人である相続人固有の財産として、相続放棄をした場合でも保険金を受け取ることができます。

### (2) 所得税の対象となる生命保険

　相続税の対象となる生命保険では、保険金にかかる相続税率が高く相続税の納税準備にならない場合（生命保険金にも高率の相続税がかかってしまうため）もあります。

　このような場合は、所得税の対象となる生命保険の方が有利になることもあります。

（契約形態）

| 契約者 | 被保険者 | 死亡保険金受取人 |
|---|---|---|
| 相続人 | 被相続人 | 相続人 |

① 保険金は相続人の一時所得として所得税・住民税が課税されます。

(受取保険金 − 払込済保険料 − 50万円) × $\dfrac{1}{2}$

＝課税対象となる一時所得

※ 相続税率と所得税率を比較しながらどちらがより多くなるか（税引後の納税資金が残るか）を判定するのも一つの方法です。なお、一時所得の課税になるのは、上記算式のとおり、受取保険金の2分の1以下になります。

② 保険金は相続財産に含まれず、納税資金準備をすることができます。

# 126 遺留分の侵害とその対応（保険の活用）

 私はX社の代表取締役ですが、後継者である長男に私が所有するX社の株式をすべて相続させたいと考えています。私には、子供が他に次男と長女がいますが、その2人には、預貯金を相続させる予定ですが、X社の株式に比べると数分の1です。このようなケースでも特に問題はないでしょうか。仮に問題があった場合、何らかの対応策があるでしょうか。

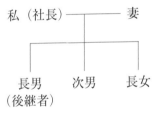

 次男と長女から遺留分を侵害したとして損害賠償請求をされることが懸念されますので注意が必要です。

## 遺留分について

　遺留分とは一定の範囲の法定相続人に認められた最低限遺産を取得できる権利です。遺留分を侵害された場合、他の相続人に不足分を請求することが可能です。

　下記の例のように、相続人が子供3人で、すべての遺産を長男に相続させるような遺言があった場合、次男及び長

女は遺産の6分の1を遺留分として請求ができます。

(例)

・遺産額3億円（長男がすべて取得）

・相続人　長男、次男、長女

・遺留分　次男…3億円×$\frac{1}{3}$（法定相続分）×$\frac{1}{2}$（遺留分）＝5,000万円

　　　　　長女…　同上

　遺留分は、相続人の構成要件によって異なりますが、通常のケース（相続人が子、配偶者のケース）は法定相続分の2分の1です。なお、兄弟姉妹は遺留分はありません。

対応策

　生命保険であれば、民法上、原則受取人固有の財産になります。後継者が保険金等を受取ることで、他の相続人に対しての遺留分侵害に対処する資金とすることができます。

　例えば、次のようなことが考えられます。

(1)　社長が契約者（保険料負担者）及び被保険者、後継者を受取人とした生命保険で他の相続人に対する支払を準備することができるようになります。

(2)　法人が契約者、被保険者が社長、受取人を法人として、法人が受け取った保険金を原資に後継者に社長の退職金を支払い、その資金を基に遺留分へ対応を考えることができます。

**コラム**

**事業承継税制と生命保険**

　事業承継税制（Q108以降参照）を使うケースは、自社
株の評価額が大きいケースだと考えられます。そうする
と他の相続人の遺留分も当然に多くなるものと思われま
す。株式に関して相続税が猶予されても（相続税の負担
がなくても）他の相続人の遺留分対策について資金的な
準備が必要であると考えられ、生命保険も一定の役割を
果たすものと思われます。

# 127 収入保障（生活保障）特約年金の課税は？

**Q** 私は、同族会社の社長をしておりますが、家族のことを考え、収入保障（生活保障）特約の年金の契約をすることになりました。このような場合で、実際に相続が発生した場合、どのような税金がかかりますか。

**A** 相続発生時には死亡保険金と年金の受給権に相続税がかかります。また、毎年受け取る年金は、雑所得として所得税と住民税の対象になります。

### 収入保障特約年金の課税

#### (1) 相続税関係

契約者・被保険者が被相続人、死亡保険金受取人・収入保障特約年金受取人が相続人といった場合の相続税の課税対象になる生命保険金は、次のとおりです。

> 相続税の課税対象＝ 一時金 ＋ 収入保障特約年金の受給権
> － 生命保険金の非課税金額

(注) 生命保険金の非課税金額＝500万円×法定相続人数

(例)

① 収入保障年金額…1,000万円を10回受領

② 年金の受取総額…1,000万円×10回＝1億円

③　受給権の評価…通常は解約返戻金相当額となります。

## (2)　所得税・住民税関係

　収入保障年金の年金には、収入保障年金受取人に対して雑所得として所得税、住民税がかかります。

　雑所得は、受取年金から必要経費を差し引いた額になります。この年金は、受取人の所得になり、他の所得と合算して総合課税されます。

## 【参考例（国税庁ホームページより）】

　支払期間10年の確定年金を相続した方の支払年数6年目の所得金額の計算（年100万円定額払い、保険料総額200万円、相続税法による評価額900万円の場合）

①　相続税評価割合：900万円÷1,000万円＝90%
　　　　　　　　　（相続税評価額）（支払総額）

②　課税部分（収入金額）の合計額：1,000万円×8%＝80万円
　　　　　　　　　　　　　　　　　（支払総額）　　（相続税評価割合90%
　　　　　　　　　　　　　　　　　　　　　　　　　の時の課税割合）㊟

　㊟　次ページの表参照

③　1課税単位当たりの金額：80万円÷45単位＝1.8万円
　　　　　　　　　　　　　　　（課税単位数）｛10年×(10年－1年)
　　　　　　　　　　　　　　　　　　　　　　　÷2｝

④　課税部分の年金収入額：1.8万円×5（経過年数）㊟＝9万円

　㊟　支払開始日からその支払を受ける日までの年数

⑤　必要経費額：9万円×（200万円÷1,000万円）＝1.8万円
　　　　　　　　　　　　（保険料総額）（支払総額）

⑥　課税部分に係る所得金額：9万円－1.8万円＝7.2万円
　　　　　　　　　　　　　　　　　　　　　（雑所得の金額）

| 相続税評価割合 | 課税割合 |
|---|---|
| 50%超　55%以下 | 45% |
| 55%超　60%以下 | 40% |
| 60%超　65%以下 | 35% |
| 65%超　70%以下 | 30% |
| 70%超　75%以下 | 25% |
| 75%超　80%以下 | 20% |
| 80%超　83%以下 | 17% |
| 83%超　86%以下 | 14% |
| 86%超　89%以下 | 11% |
| 89%超　92%以下 | 8% |
| 92%超　95%以下 | 5% |
| 95%超　98%以下 | 2% |
| 98%超 | 0 |

## 128 法人契約の生命保険の主な利用目的は？

**Q** 私は同族会社の社長をしていますが、法人契約
の生命保険を保険会社から勧められています。
個人的には生命保険に既に加入しているのですが、会
社が契約者になる場合についてはよく分かりません。
　会社が契約者になる場合の生命保険の利用のしかた
を教えてください。

**A** 会社が契約者になる場合の生命保険の利用のしかた
（目的）は、大きく分けると、次のような内容にな
ります。

### 法人契約の生命保険の利用（目的）

(1)　**社長に相続が発生した場合の事業承継資金を確保する**
　……社長に万が一のことがあった場合、金融機関等から
の借入金の返済を迫られたり、取引先からの買掛金や支
払手形の決済が必要になったりすることもあると思いま
す。
　また、金融機関からの新規借入れが以前のようにうま
く行かなかったりする場合もあります。
　そのような時に、ある程度の期間、必要な費用の準備
として生命保険が考えられます。

⑵　**社長の勇退時の退職金、死亡時の退職金の資金を確保する**……勇退時の退職金にしても死亡退職金にしても多額の資金が必要になりますので、それらの資金を準備するために生命保険を利用します。死亡退職の場合は、弔慰金の財源にもなります。

⑶　**社長の相続人の相続税の納税資金を確保する**……社長の相続人が、会社から会社が受領した保険金を財源とする社長の死亡退職金を受領することで、それを相続税の納税資金に充当することができます。

⑷　**取引先の倒産等の不測の事態から会社を守る**……取引先の倒産等、不測の事態が生じた場合、それをきっかけに、会社経営が行き詰まるようなことも考えられます。その場合、生命保険の契約者貸付金、解約返戻金等を予備的な資金として準備することができます。

## 129 役員退職準備金と生命保険の活用は？

**Q** 私が社長をしている会社では、私を被保険者とした生命保険に多く加入していますが、短期的な定期保険がほとんどです。

そのため、私が退職する際の退職準備金としては不充分な状態だと感じています。このような場合、どのようにすればよいのでしょうか。

**A** 退職金を生命保険で準備する場合には、死亡退職に備えるものと生存退職に備えるものとの両方が必要です。生命保険のなかにも両方を準備できるものと、どちらか一方しか準備できないものがあります。

貴方の会社の場合は、短期の定期保険だけでは、死亡退職金の準備しかできていないものと思われます。

そのため、生前退職準備金として長期の定期保険、定期保険と養老保険、終身保険、個人年金等の組合せを考えて貯蓄性の高い保険にするのが良いでしょう。

| 定期保険 | →死亡退職金の準備のみ |

| 長期の定期保険<br>定期保険＋養老保険<br>終身保険<br>個人年金等の組合せ | →生前退職金の準備 |

**【注意点】**

(1)　長期の定期保険は法人税率が低くなるとその魅力は少なくなり、ある一定の年数を超えると解約返戻金は減少方向となります。

(2)　個人年金・養老保険を活用する場合も定年時の年齢に満期時期や年金開始時期を一致させる必要があります。

**参考**

(1)　**退職金を生命保険契約で現物支給**

　これは、生命保険契約を退職金の現物支給として、契約者の名義変更を行う方法です。個人年金や養老保険の場合は、老後資金として活用できます。終身保険の場合は相続税対策としての活用も可能です。

　この場合の現物支給の価額としては、一般にはその時の解約返戻金額が退職金の額となります。

(2)　**逓増定期保険の利用**

　役員退職準備金として、Q131でご説明します逓増定期保険についても、解約返戻金の率がよい時期と退職の時期を合わせることにより利用することができます。

# 130 事業承継のための会社の生命保険は？

**Q** 私は同族会社の経営者ですが、今のうちから次の代への事業承継の準備を始めたいと考えています。事業承継のためにはいろいろ資金がいるとのことですが、生命保険で準備できるとの話を聞きました。どのような内容なのか教えてください。

**A** 事業承継のための会社の資金としては、主に事業保障資金、自社株の買取り資金（社長の相続人から社長の所有していた株式を買い取る）が考えられ、それらの準備のために生命保険が利用できます。

## 事業承継のための生命保険の利用

### (1) 事業保障資金対策

後継者が安心して経営の継続を図るため、事業保障資金を準備するために利用します。ここで事業保障資金とは次のような内容です。

事業保障資金＝債務返済額＋従業員の給与＋売上低下の補填分

事業保障資金のうち、どの程度を準備するかの目安ですが、可能であれば、負債のうち1年以内に返済期限の来る短期債務、従業員1年分の給与程度は、準備しておきたいところです。

## (2) 自社株の買取資金対策

　自社株を生前に社長から後継者に移転できればよいのですができなかった場合、その自社株は社長の相続財産として相続税の課税対象になります。自社株の評価は、Q84でご説明したとおりですが、会社の業績、含み資産の有無等で当初の出資金額を大きく上回る場合もあります。

　主な相続財産が自社株のため納税資金が不足する場合、自社株を物納や売却して納税することは実際としてはかなり困難なことだと思います。

　そのため、現在では、一定の条件が付きますが、会社による自社株の買取りが認められています。

　そこで、相続が発生した場合、相続人から会社が自社株を買い取ることにより、その資金で相続人は相続税を支払うことが可能になります。

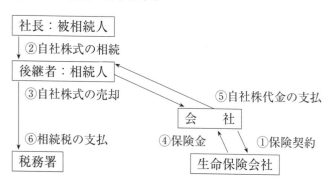

## 【株式を会社が取得する場合の条件】

　取得する株式の買取価額総額が配当可能利益（＝純資産－資本金－資本準備金－利益準備金－繰延資産超過額）の

範囲内であり、株主総会の特別決議を必要とします。


## 【株式を売却した相続人には所得税】

　株式を売却した相続人には所得税が発生します。非上場株式の譲渡所得は、申告分離課税になり、税率は、次のとおりです（詳しくはQ96参照）。

> 20％（所得税15％＋住民税5％）

　※　復興特別所得税は考慮していません。

　なお、相続税の申告期限以降3年以内に相続により取得した株式を譲渡した場合には、取得費にその株式に対応する相続税を加算できます。

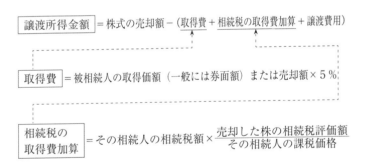

譲渡所得金額 ＝株式の売却額－（取得費＋相続税の取得費加算＋譲渡費用）

取得費＝被相続人の取得価額（一般には券面額）または売却額×5％

相続税の取得費加算＝その相続人の相続税額× $\dfrac{\text{売却した株の相続税評価額}}{\text{その相続人の課税価格}}$


## 【自社株取得資金準備に適した生命保険】

　会社はその自社株買取資金の準備として、社長を被保険者とした生命保険に加入することをお勧めします。

　なお、相続の発生を前提として、ご説明したとおり会社に配当可能利益がないと買取りができませんので、保険の

種類としては保険差益で配当可能利益を確保するために、長期の定期保険等が適しているでしょう。

(3)　**自社株の物納**

　自社株を物納する場合、発行会社に売却するのに比べて、譲渡所得税がかからないといったメリットがあります。手続については複雑なところがありますので、専門家に相談されることをお勧めします。

# 131 事業保険と経理処理について

**Q** 生前退職金の準備として、長期平準定期保険や、逓増定期保険がよいという話を聞いたのですが、具体的な会社での経理処理はどのようになるのでしょうか。

**A** 長期平準定期保険や、逓増定期保険は定期保険でありながら資産性が高く、途中解約等による解約返戻金を退職金の財源にするようなこともできます。

なお、2019年7月8日以後に保険契約した保険料については、改正が行われていますので注意して下さい。詳しくはQ132を参照して下さい。

## ⑴ 長期平準定期保険、逓増定期保険の経理処理

定期保険のうち長期平準定期保険、逓増定期保険は、その経過途中での資産性の高さから経理処理が次のようになっています。

## ① 長期平準定期保険

長期平準定期保険は、「保険期間満了時年齢＞70歳」かつ「加入時年齢＋保険期間×２＞105」の２つの条件のどちらにも該当する定期保険であり、一方でもこの条件に該当しない場合は、通常の定期保険と同様になります。

経理処理については、加入当初６割期間（１年未満の

端数は切捨て）は、$\frac{1}{2}$ は必要経費（損金）に計上し、$\frac{1}{2}$ は資産計上しておき、資産計上された金額を残り4割期間で取り崩します。

また、当初の6割期間経過後は、保険料をすべて必要経費に計上します。

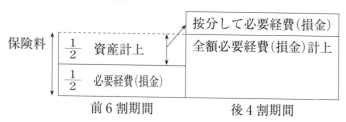

前6割期間　　　　　　　後4割期間

② 逓増定期保険

保険期間の経過により、保険金が1から5倍まで逓増する定期保険です。逓増定期保険の保険料の処理は、次のようになります。

|  | ケース1 | ケース2 | ケース3 |
|---|---|---|---|
| 保険期間満了時の被保険者年齢 | ＞60 | ＞70 | ＞80 |
| 被保険者の契約年齢＋保険期間×2 | ＞90 | ＞105 | ＞120 |
|  | ⇩ | ⇩ | ⇩ |
| 保険期間の前6割期間 | $\frac{1}{2}$ 資産計上 $\frac{1}{2}$ 必要経費 | $\frac{2}{3}$ 資産計上 $\frac{1}{3}$ 必要経費 | $\frac{3}{4}$ 資産計上 $\frac{1}{4}$ 必要経費 |

| | |
|---|---|
| 保険期間の後4割期間 | 全額必要経費（損金）計上＋前6割期間の資産計上分を按分して必要経費に計上 |

(注) ケース1から3、については、「保険期間満了時の被保険者年齢」の条件と「被保険者の契約年齢＋保険期間×2」の条件のどちらにも該当する場合が上記の取扱いになり、どちらか一方が該当しない場合は、保険料は全額支払時の必要経費（損金）になります。

## (2) 払込方法での留意点

### ① 一時払保険料の経理処理（契約者及び受取人は法人）

養老保険・終身保険・個人年金など資産計上する保険種類の場合は、全額を保険料積立金として資産計上します。一方、定期保険などの必要経費（損金）に計上できる保険種類の場合は、全額前払保険料として資産計上し、保険期間の経過に応じて月数按分した額を必要経費に計上します。なお、定期保険特約を一時払したような場合も、月数按分した額を必要経費に計上します。

### ② 年払保険料の経理処理

定期保険などの年払保険料は、基本的には短期の前払費用として一括して必要経費（損金）に計上することが可能です。

## 132 解約返戻率の高い定期保険の改正

**Q** 契約返戻金のある定期保険について、改正が行われたようですが、どのような内容なのでしょうか。教えてください。

**A** 解約返戻金があり、保険期間が3年以上の定期保険について改正がありました。なお、改正の対象は令和元年7月8日以後に新たに契約する保険契約の保険料について適用となります。(注)

(注) 令和元年7月7日以前に契約された保険契約の保険料については、従来通りの取扱いが継続されます。

　改正の概要としては、最高解約返戻率（最高解約支払保険料返戻率）区分に応じ、資産計上期間、資産計上割合が設定されました。なお、最高解約返戻率が50％以下の場合は、支払い事業年度に全額損金となります。

改正概要

| 最高解約返戻率の区分 | 資産計上期間 | 資産計上割合 |
|---|---|---|
| 50％超～70％以下 | 保険期間の40/100が経過するまで | 支払保険料の40％（損金算入60％） |
| 70％超～85％以下 | 保険期間の40/100が経過するまで | 支払保険料の60％（損金算入40％） |

| 85％超 | 原則として保険期間開始から最高解約返戻率になるまでの期間(注) | ①当初から10年目まで<br>…最高解約返戻率×90％<br>②11年目以降<br>…最高解約返戻率×70％ |
|---|---|---|

## 【取崩期間】

① 最高解約返戻率が50％超70％以下の場合

　　支払った保険料の40％が資産計上されていますが、保険期間の75/100経過後から保険期間の終了の日まで均等額を取り崩します。なお、保険期間の75/100経過後に支払った保険料は全額損金となります。

(注)　最高解約返戻率が70％以下で、かつ、年換算保険料相当額（一の被保険者につき2以上の定期保険に加入している場合にはそれぞれの年換算保険料相当額）が30万円以下の保険に係る保険料を支払っている場合には、全期間を通じて全額を損金算入可能となります。

② 最高解約返戻率が70％超85％以下の場合

　　支払った保険料の60％が資産計上されていますが、保険期間の75/100経過後から保険期間の終了の日まで均等額を取り崩します。なお、保険期間の75/100経過後に支払った保険料は全額損金となります。

③ 最高返戻率が85％超の場合

　　原則として解約返戻金が最も高い金額となる期間経過後から、保険期間終了の日まで均等額を取り崩します。なお、資産計上期間経過後に支払った保険料は全額損金算入となります。

## 133 生命保険の契約者の変更をした場合の課税は？

**Q** 私が契約者で、子供を被保険者とした生命保険契約があるのですが、今後のことを考え、私から子供に契約者を変更したいと考えています。この場合、贈与税等が課税されるのでしょうか。

また、私は同族会社の社長をしておりますが、会社が契約者、私を被保険者にした生命保険があります。この場合、契約者を変更したとすると、税金はどうなるのでしょうか。

**A** 個人間の契約者変更の場合、変更時点で贈与等は課税されません。死亡保険金や満期保険金受取時等に保険料の負担割合で受取保険金を按分して、それぞれの保険金ごとに課税が行われます。

以下、個人間、法人個人間での契約者変更の課税関係について説明します。

### 保険契約者を変更した場合の課税関係

#### (1) 個人間の変更

契約者の変更を行った場合、生命保険の権利は移動しますが、その時点で課税はされません。死亡保険金や満期保険金受取時等に、それぞれの保険料の負担割合で按分して、それぞれの保険金ごとに課税が行われます。

---

**(事例)**

① 満期保険金…500万円

② 満期保険金受取人…子供

③ 保険料負担…前半120万円が父親、後半280万円が子供

＊保険金が支払われたとき子供に贈与税と所得税が課税されます。

500万円×280万円／（280万円＋120万円）

＝350万円（所得税の対象）

500万円×120万円／（280万円＋120万円）

＝150万円（贈与税の対象）

<u>所得税</u>：（350万円－280万円－50万円）×$\frac{1}{2}$＝10万円

…総合課税対象

<u>贈与税額</u>：150万円－110万円（基礎控除額）＝40万円

40万円×10％（税率）＝4万円

---

⑵　**会社・個人間の変更**

会社と個人との間で契約者変更を行う場合について、基本的には次のとおりです。

① **会社から個人に契約者変更**

会社は、それまでの資産計上額を全額取り崩し、解約返戻金相当額で個人に譲渡するケースが見受けられますが、その場合、その差額が雑収入または雑損失になります。

現金を受け入れない場合は、解約返戻金分の金額を退職金・賞与等で処理することとなります。

**(現金受入れの場合の例)**

| （借方） | （貸方） | |
|---|---|---|
| 現金　800万円 | 保険積立金 | 700万円 |
| | 雑収入 | 100万円 |

＊仮に受け入れた現金が600万円だとすると雑損失100万円となります。

**(現金を受け入れない場合の例)**

| （借方） | （貸方） | |
|---|---|---|
| 賞与　800万円 | 保険積立金 | 700万円 |
| | 雑収入 | 100万円 |

＊仮に賞与の金額（解約返戻金分の金額）が600万円だとすると雑損失　100万円となります。

(注)　個人が譲受けした保険の満期金や解約返戻金を一時所得として所得税の申告をする場合、差し引ける必要経費は契約変更後の保険料と譲受時に支払った金額との合計になります。

② 　個人から会社への契約者変更

　　会社は、個人から取得するために支払った金額を資産に計上します。

　　個人は、通常の解約返戻金を受け取った場合と同様で、一時所得の対象になります。

● 著者略歴

渡邉正則 (わたなべ・まさのり)

　昭和36年福島県生まれ。昭和58年学習院大学経済学部卒業、東京国税局税務相談室、同課税第一部調査部門（地価税担当）等の主に資産課税に係る審理事務に従事した後、品川税務署資産課税部門上席国税調査官を最後に退職。平成9年8月税理士登録、中小企業診断士、CFP®、青山学院大学大学院（会計研究科）客員教授、全国事業再生税理士ネットワーク幹事。

　主な著書：平成16〜令和2年度「税制改正早わかり」（共著・大蔵財務協会）、「あなたのための相続税対策」、「中小企業のための税金対策」、「広大地評価の実務」、「不動産・非上場株式の税務上の時価の考え方と実務への応用」、「Q＆A 相続税・贈与税実務家必携ハンドブック」、「財産債務調書・国外財産調書・国外転出時課税の実務」、「Q＆A 遺言・遺産分割の形態と課税関係」、「地積規模の大きな宅地の評価のポイント」（いずれも大蔵財務協会）、編集参加著書に「税務相談事例集」（大蔵財務協会）等

［新訂版］オーナー社長のための税金と事業承継対策

令和2年3月26日　初版発行
令和3年10月20日　再版発行

不　許
複　製

著　者　　　　　渡　邉　正　則

（一財）大蔵財務協会　理事長
発行者　　　　　木　村　幸　俊

発行所　　　一般財団法人　大　蔵　財　務　協　会
〔郵便番号 130-8585〕
東京都墨田区東駒形1丁目14番1号
（販　売　部）TEL 03(3829)4141・FAX 03(3829)4001
（出版編集部）TEL 03(3829)4142・FAX 03(3829)4005
http://www.zaikyo.or.jp

乱丁・落丁はお取替えいたします。　　　　　印刷　三松堂印刷（株）
ISBN978-4-7547-2712-3